내 맘대로
만드는
인공
지능

예문사

여러분은 인공지능에 대해 얼마나 알고 있나요?

우리는 이미 인공지능 사회를 살고 있습니다. 많은 분야에서 인공지능의 도움을 받아 편리하게 사용하고 있지요. 앞으로의 미래는 인공지능을 얼마나 효과적으로 사용할 수 있느냐가 점점 더 중요해 질 거예요.

만약 우리가 인공지능에 대해 더 많이 이해할 수 있다면, 남이 만들어 놓은 인공지능을 편리하게 사용하는 것에 그치지 않고, 창의적으로 개발하여 더 다양한 일을 할 수 있을거예요.

당장 인공지능에 대해 모든 것을 쉽게 이해할 수는 없지만 우리에게 익숙한 코딩 프로그램인 엔트리와 함께 기초부터 익혀나간다면, 언젠가는 인공지능을 더 '내 마음대로' 사용할 수 있게 되리라 생각합니다.

이제부터 우리는 인공지능의 기초적인 원리와 구조를 알아보고, 어떤 방식으로 활용할 수 있을지 직접 소프트웨어를 만들면서 알아 볼 거예요. 이 책을 통해 여러분이 미래를 함께하게 될 인공지능에 대해서 관심과 흥미를 가질 수 있기를 바랍니다.

강우주, 박은실, 이진호

이제 인공지능 교육은 선택이 아닌 필수입니다. 그러므로 쉽고 흥미 있으면서도 학생들의 문제 해결력을 자극할 수 있도록 구체적 상황을 제시할 수 있는 교재가 필요합니다. 이 책은 초등학생들뿐만 아니라 인공지능 교육 입문자가 인공지능의 개념과 원리를 이해하고 응용해 볼 수 있도록 차근차근한 설명과 단계로 이루어져 있어 인공지능의 방향과 틀을 잡는 데 큰 도움이 될 것입니다.

― 인천광역시교육청 장학사 연수현 ―

4차 산업혁명과 디지털 뉴딜정책 등으로 디지털 인재가 점점 더 많이 필요해지고 있으며, 계속해서 ICT 분야의 전문가 수요는 높아질 것입니다. 그 중심인 인공지능을 쉽고 재미있게 풀어낸 이 책을 통해 학생들뿐만 아니라 학부모님들까지 AI와 가까워지기를 기대하며, 미래 디지털 인재 양성의 바탕이 되기를 기원합니다.

― 인천테크노파크 ICT 성장센터장 유승두 ―

미래를 살아갈 우리 아이들은 인공지능 기기나 서비스를 활용하는 경험과 기초 소양을 갖춰야 할 뿐만 아니라, 더 나아가 컴퓨팅적 사고력(CT)과 인공지능 문제 인식과 프로그램 해결 능력까지 필요할 것입니다. 이 책은 재미있는 삽화와 단계별 개념 설명과 함께 문제 해결의 흐름과 확장까지 짜임새 있게 구성되어 우리 아이들이 미리 인공지능 코딩 교육을 접해 볼 수 있게 만든 인공지능+엔트리 입문 학습 교재입니다.

― 인천재능대 인공지능컴퓨터정보과 서연경 교수 ―

이렇게 구성되어 있어요!

인공지능의 개념을 쉽게 이해할 수 있도록 다양한 그림과 함께 설명하였으며 엔트리를 활용해 인공지능을 직접 코딩해 볼 수 있습니다.

LESSON
다양한 인공지능 예제를 각 레슨별로 나누어 구성하였습니다.

인공지능 설명
인공지능의 원리와 궁금증을 그림을 통해 쉽게 이해할 수 있습니다.

작품 미리보기
만들 작품을 미리 확인해 보고 어떻게 동작하는지 이해합니다.

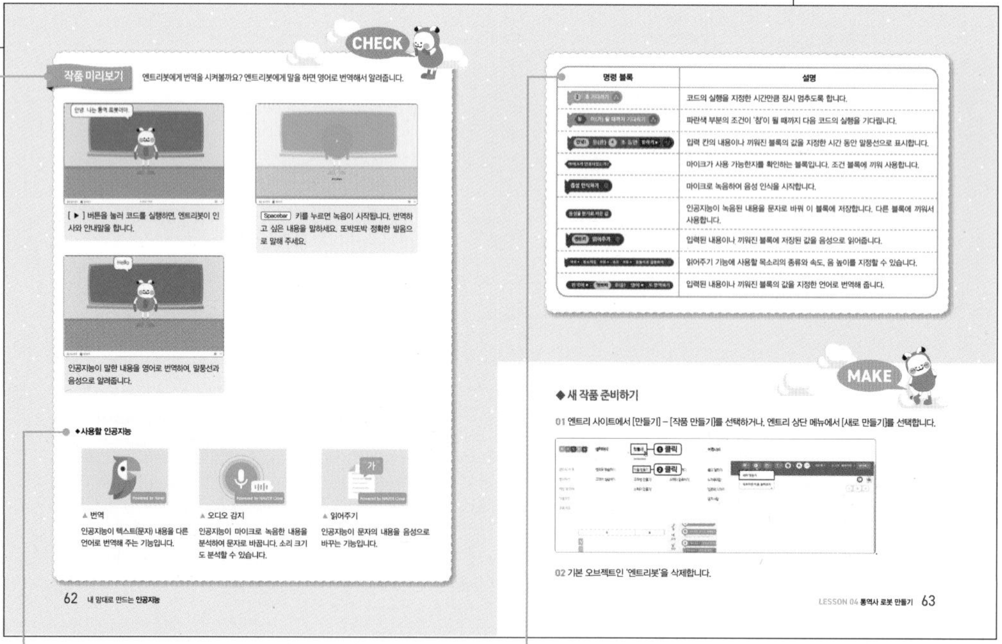

사용할 인공지능
엔트리에서 사용할 인공지능 기능에 대해 설명합니다.

사용할 블록
엔트리에서 사용할 블록들을 설명합니다.

따라하기
예제를 따라만 하면 쉽게 구현할 수
있습니다.

TIP
조립한 블록의 동작 원리나 동작 결과를
설명합니다.

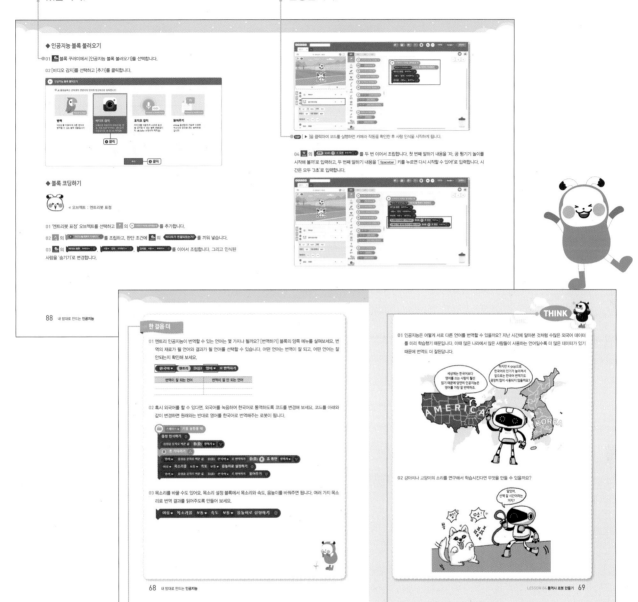

한 걸음 더
따라하기에서 만든 예제를 응용하거나, 추가로
블록을 조립해 기능을 좀 더 깊게 알아봅니다.

THINK
앞서 학습한 내용의 이해를 높이기 위해 문제를 제시하고
생각한 것을 직접 적을 수 있도록 구성하였습니다.

예제 파일은 이렇게 확인해요.

① 엔트리 시작 페이지(https://playentry.org)에서 상단 돋보기 아이콘을 클릭합니다.
② 검색어로 '예문사'를 입력하여 검색한 후 '예문사 내맘대로 인공지능O'이 제목인 작품을 선택합니다.
③ 플레이 버튼을 누르면 실행되고, '리메이크 하기'를 눌러서 수정할 수도 있습니다.

이 책의 목차

01 LESSON · 8

인공지능 세상으로!

02 LESSON · 16

인공지능 공부 준비하기

05 LESSON · 66

움직이는 초상화 만들기

04 LESSON · 56

통역사 로봇 만들기

03 LESSON · 42

인공지능, 내 말을 들어줘!

06 LESSON · 80

'공 튕기기 게임' 만들기

07 LESSON · 96

인공지능, 내 기분 알겠니?

08 LESSON · 116

이미지 인식 분리수거

10 LESSON · 158

내 방의 사물인터넷

09 LESSON · 134

기분 대로 초상화

01

인공지능
세상으로!

인공지능이란 무엇일까요? 이미 우리 주변 곳곳에 자리 잡고 있지만, 어떻게 만들고 어떤 일을 하며 왜 편리한지에 대해서 생각해 본 적 있나요?

지금부터 인공지능이 왜 앞으로 사람에게서 떼어놓을 수 없는 중요한 존재인지 알아보고, 엔트리를 활용해서 인공지능을 만드는 것부터 어떻게 학습시키는지, 어떻게 사용하는지에 대해 알아보겠습니다. 그리고 인공지능을 사용할 때 주의해야 할 점들도 함께 생각해 보겠습니다.

01 LESSON

인공지능 세상으로!

우리 생활 속 깊이 들어온 인공지능! 미래는 훨씬 더 많은 곳에 인공지능이 사용되는 '인공지능 세상'이 될 것이라고 합니다. 인공지능은 무엇이며 우리에게 어떤 영향을 줄까요? 인공지능 세상에서 살기 위해 우리는 무엇을 공부해야 하는지 알아봅시다.

인공지능의 의미와 목적, 원리 알아보기
인공지능 활용방법과 영향력에 대해 알아보기

01 흄내쟁이 인공지능

여러분은 도플갱어라는 말을 들어본 적 있나요?

도플갱어(doppelganger)는 '둘'을 뜻하는 독일어 도펠(doppel)과 '행인'을 의미하는 갱어(ganger)가 결합된 말인데요. '이중으로 돌아다니는 사람'이라는 의미로, 본인 스스로 자신과 똑같은 '나'를 보는 조금은 무서운 현상이라고 합니다. 하지만 요즘에는 비슷하게 생긴 사람을 가리키는 표현으로 많이 사용해요. 여러분은 만약 나와 똑같이 생긴 도플갱어를 만나게 된다면 어떨 것 같나요?

만약 도플갱어가 내 흉내를 낸다면, 우리 가족이나 친구들은 도플갱어와 진짜 '나'를 구별할 수 있을까요? 그들에게 내가 '나'임을 증명하려면 어떻게 해야 할까요? 오직 '나'만이 알고 있는 어떤 사실로 스스로를 증명할 수 있을까요? 여러분이 '나'를 증명할 수 있는 사실에는 어떤 것들이 있나요?

도플갱어가 반드시 '나'의 겉모습만 똑같이 따라하라는 법은 없어요. 만약, 도플갱어가 우리를 계속해서 지켜보고 공부해서 나만 알고 있던 세세한 정보까지도 모두 속속들이 알고 있다면 어떨까요? 조금 무섭지 않나요?

그런데 놀랍게도 이미 우리 주변에는 우리를 따라하는 수많은 도플갱어들이 존재하고 있어요. 겉모습만 따라하는 것이 아닌, 우리의 행동과 생각까지도 흉내내려고 하는 도플갱어들이요.

하지만 무서워 할 필요는 없습니다. 이들의 목적은 인간을 더 이해하고 돕는 것이거든요. 이렇게 인간을 도와주고 편리하게 만들어주기 위해 우리를 연구하고 공부하는 도플갱어들이 바로 '인공지능'입니다.

02 인공지능과 함께하는 하루

우리 생활 속에 인공지능은 어떤 방식으로 함께하고 있을까요? 요일별로 다르게 일어나는 시간을 미리 알아서 알람 시간을 바꿔주거나, 내가 먹고 싶은 음식이나 재료를 알아서 주문해 주면 어떨까요?

에어컨이나 보일러가 집의 온도를 알아서 맞춰주는 정도는 이미 쉬운 일이고, 외국어를 잘 하지 못하는 사람도 번역기를 사용하면 외국인과 대화를 나눌 수 있어요. 또, 인공지능이 내 취향에 맞는 음악이나 영화, 드라마를 골라 줄 수도 있어요.

인공지능은 어떻게 이런 것들을 '알아서' 할 수 있는 걸까요? 말 그대로 인공지능은 우리에 대해 '굉장히 많이 알고 있기' 때문입니다. 사람들에 대해서 끊임없이 공부하고 있지요.

03 공부왕 인공지능

그렇다면 인공지능은 어떻게 사람들에 대한 정보를 엄청나게 빠른 속도로 공부할 수 있는 걸까요?
처음부터 인공지능이 똑똑했던 것은 아니에요. 인공지능이 처음 만들어진지는 50년도 더 되었지만, 예전에는 인공지능이 공부할 자료의 양도 부족했고, 그것을 공부하는 데 너무 많은 시간이 걸렸거든요.

그러나 많은 양의 정보를 저장할 수 있는 저장 기술과 많은 정보도 쉽게 이동하고 전달할 수 있는 인터넷의 발달 덕분에 이제 인공지능은 많은 양의 데이터를 빠르게 공부할 수 있게 되었답니다.

2016년 이세돌 9단과 바둑 대결을 한 인공지능 '알파고'는 백만 번 바둑을 두는데 한 달 정도밖에 걸리지 않는다고 합니다. 사람이라면 천년 쯤 걸린다고 해요. 고려시대부터 쉬지 않고 바둑을 두어야만 가능한 양이지요.

이런 빠른 학습이 가능한 이유는 현대의 인공지능이 한 대가 아닌 여러 대의 컴퓨터가 서로 이어진 연결망이기 때문입니다. 알파고는 사실 4천 대 이상의 컴퓨터가 연결되어 있는 인공지능이었답니다. 이제 인공지능이 굉장히 빠르게 많은 양을 공부할 수 있는 이유를 알겠죠?

04 인공지능과 함께할 미래와 직업의 변화

인공지능은 미래에 어떤 일들을 하게 될까요? 직접 운전을 하지 않아도 스스로 움직이는 자율주행 자동차도 곧 볼 수 있을 거예요. 내가 이맘 때 쯤 어떤 물건을 사는지 예측해서 미리 주문을 해 주거나, 수시로 내 몸을 살펴 어떤 병에 걸리지는 않았는지 판단해주는 인공지능 건강관리도 가능해집니다.

이렇게 인공지능은 사람을 도와 편리하게 해주기도 하지만, 한편으로는 인간이 할 일을 대신하기 때문에 우리의 직업을 빼앗을 수도 있습니다.

하지만 걱정만 할 일은 아니에요. 인공지능은 대단히 빠르고 똑똑하지만 모든 걸 다 할 수 있는 것은 아닙니다. 사람이 훨씬 더 잘 할 수 있는 일도 많거든요. 그리고 인공지능을 만드는 것은 바로 사람의 역할이기 때문이지요.

05 인공지능은 어떻게 만들까?

우리는 인공지능을 잘 활용하기 위해서, 또 인공지능이 할 수 없는 일을 알기 위해서 우리는 인공지능에 대해서 이해할 필요가 있습니다.

인공지능은 수많은 데이터(정보)를 모아 공부하고 분석하여 인간의 생각과 판단을 예측합니다.

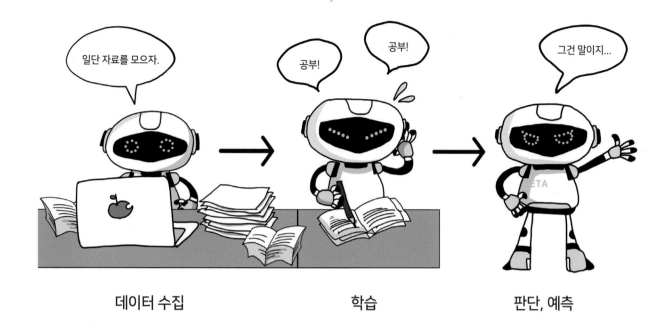

데이터 수집   학습   판단, 예측

아직까지 인공지능에게 어떤 데이터를 주고, 어떻게 공부시킬지는 사람이 선택해야 합니다. 결국 인공지능의 능력을 좌우하는 것은 우리 '사람'이라는 것이지요!

미래에는 인공지능이 쓰이지 않는 곳이 없을 정도로 우리는 인공지능과 함께 살아가게 될 거예요. 스마트폰을 사용하는 것처럼 흔히 사용하게 될 인공지능에 대해 잘 모르면 굉장히 불편해질지도 몰라요. 그래서 세계 여러 나라들은 앞 다투어 인공지능을 연구하고, 인공지능을 연구할 사람들을 필요로 하게 되었어요. 우리나라도 이제 학교에서 인공지능을 배우게 되었죠.

인공지능을 공부하고 만들어 보려면 어떻게 해야 할까요? 앞에서 인공지능이 수많은 컴퓨터의 연결망이라는 사실을 배웠습니다. 그럼 우리는 먼저 컴퓨터부터 수십 대 사야 할까요?

그렇지 않답니다. 걱정 마세요. 인공지능을 공부할 수 있도록 도와줄 친구 '엔트리'가 있으니까요. 엔트리는 소프트웨어 코딩을 공부할 수 있는 프로그램이지만, 인공지능을 공부하는 기능도 추가되었습니다. 다음 시간에는 엔트리 기본 사용법과 인공지능 활용을 위한 준비 사항에 대해 알아보겠습니다.

02 LESSON 인공지능 공부 준비하기

엔트리를 사용하여 인공지능을 공부하기 위해서는 먼저 엔트리 기본 사용법과 인공지능 기능들을 알아야 합니다. 카메라와 마이크를 사용하기 위한 준비 사항들도 확인해 보겠습니다.

★ 엔트리 기본 사용법과 인공지능 기능 알아보기
★ 브라우저와 윈도우에서 카메라와 마이크 준비하기

01 소프트웨어와 블록코딩

컴퓨터나 기계에게 일을 시키기 위해서는 명령을 구체적으로 정해주기 위한 소프트웨어(SW)가 필요합니다. 이런 소프트웨어를 만들기 위해 사람의 명령을 컴퓨터가 알아들을 수 있는 언어로 바꾸는 것을 '코딩'이라고 하지요. 하지만 코딩은 기계가 알아들을 수 있는 복잡한 프로그래밍 언어로 만들어졌기 때문에 배우고 이해하기에 너무 어렵습니다.

앞의 그림에 나오는 프로그램 코드는 시간이 흐르다 12시가 되면 알람이 울리도록 하는 간단한 내용이에요. '파이썬'이라는 텍스트 코딩 언어이지요. 하지만 우리는 텍스트 코딩을 배우지도 않았고, 대부분의 텍스트 코딩 언어는 배우기 쉽지 않아요.

그래서 코딩을 전문적으로 배우지 않은 사람이나 학생, 어린이들도 쉽게 소프트웨어를 만들고 코딩을 공부할 수 있도록 만들어진 것이 바로 '블록코딩'입니다. 블록코딩은 소프트웨어를 쉽게 배우기 위해 블록 장난감처럼 여러 가지 명령블록을 조립해서 코딩할 수 있는 프로그램이예요. 그 중에서도 엔트리는 우리나라에서 만들어지고, 가장 많이 사용되는 블록코딩 프로그램입니다.

앞서 파이썬으로 만들었던 알람 프로그램을 엔트리로는 이렇게 만들 수 있어요.

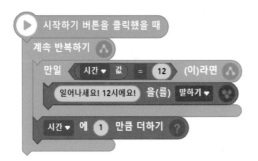

훨씬 쉬워 보이죠? 또, 한글로 코딩할 수 있다는 점도 좋아요. 무료 사용이라는 점도 중요하지요!
그 외에도 엔트리로는 애니메이션부터 음악 연주, 그림판, 게임 등 다양한 작품들을 만들 수 있어요.

◆ 엔트리로 무엇을 만들 수 있을까?

▲ 애니메이션

▲ 음악 연주

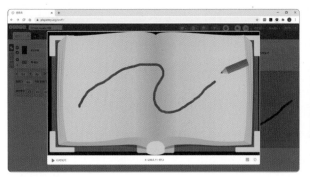

▲ 그림판

▲ 게임

02 엔트리 시작하기

엔트리는 인터넷이 연결되어야만 사용할 수 있는 '온라인 버전'과, 컴퓨터에 설치해서 사용할 수 있는 '오프라인 버전'이 있습니다.

이 책에서는 엔트리 온라인 버전을 사용하여 설명하겠습니다. 엔트리 온라인 버전은 엔트리 사이트에 접속해서 사용할 수 있으며, 되도록 구글 크롬(Chrome) 브라우저를 사용해 주세요.

크롬 브라우저는 'https://www.google.com/intl/ko/chrome/'에서 다운받아 설치할 수 있습니다.

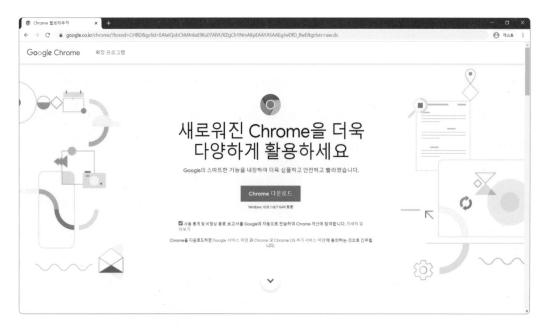

▲ 크롬 브라우저

엔트리의 인공지능 기능을 모두 사용하고, 편리하게 작품을 저장하거나 불러오기 위해서는 엔트리에 회원으로 가입하여 로그인을 해야 합니다. 먼저 회원가입과 로그인 방법을 알아볼게요.

01 엔트리 사이트 'playentry.org' 에서 [로그인]을 선택합니다.

02 이미 회원가입을 했다면, 로그인 화면에서 아이디와 비밀번호를 입력하고 로그인하세요. 아직 가입하지 않았다면 아래쪽의 [회원가입하기]를 선택합니다.

03 이어서 나오는 화면에서 [엔트리 이용약관]과 [개인정보 수집 및 이용]에 동의에 체크하세요. 아래-왼쪽의 [e아이디로 회원가입]을 클릭합니다.

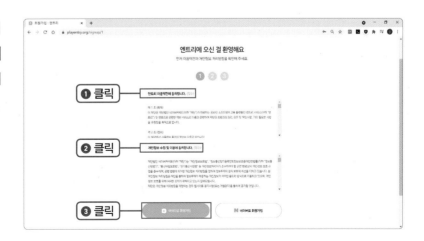

04 아이디와 비밀번호를 정하여 입력합니다. 아이디는 영문과 숫자의 조합이 필요합니다. 비밀번호를 잊어버리지 않도록 주의하세요! 모두 입력했다면 [다음]을 클릭합니다.

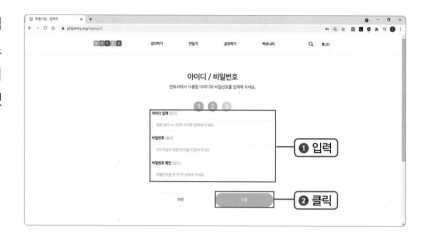

05 회원 정보를 입력합니다. 회원 유형은 [학생]을 선택하고, 성별과 닉네임, 작품을 공유하고 싶은 학년을 입력합니다. 이메일은 입력하지 않아도 되지만, 비밀번호를 잊어버렸을 경우 입력한 이메일을 통해 인증하여 새 비밀번호로 바꿀 수 있습니다. [확인]을 클릭합니다.

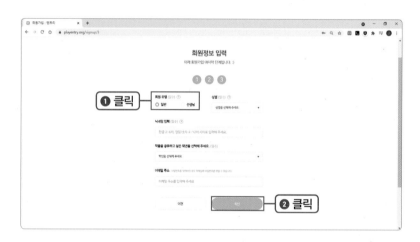

06 가입이 완료되었다면, [메인으로]를 클릭하여 시작 화면으로 돌아갑니다. 만약 '선생님' 회원으로 가입했다면 이메일 인증을 꼭 해야 합니다. 이메일 인증을 하면 비밀번호를 잊어버렸을 때 새 비밀번호로 바꿀 수 있고, SNS처럼 다른 회원의 작품에 댓글이나 '좋아요'를 남길 수도 있습니다.

07 가입을 했으니 이제 로그인을 해 볼까요. [로그인]을 클릭합니다.

08 아이디와 비밀번호를 입력하고 [로그인]을 클릭합니다.

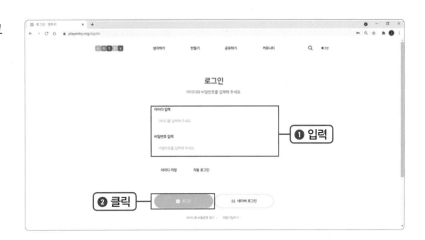

09 이제 엔트리로 작품을 만들 준비가 되었어요. 메뉴에서 [만들기] – [작품 만들기]를 선택해서 엔트리 온라인 에디터를 실행합니다.

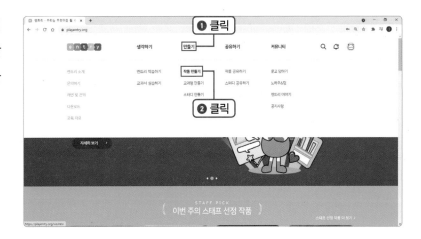

엔트리 사용법 알아보기

엔트리를 실행하면 다음과 같은 화면으로 시작됩니다. 엔트리가 어떻게 구성되어 있는지 살펴보고, 각각의 영역에서 어떤 일을 하는지 알아볼게요.

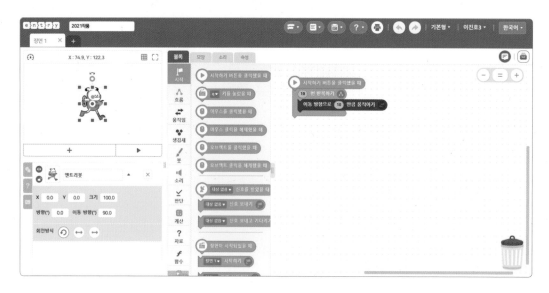

◆ 메인 메뉴

상단 메뉴에서는 작품을 불러오거나 저장하고, 작품 환경과 관련된 기능을 설정할 수 있습니다.

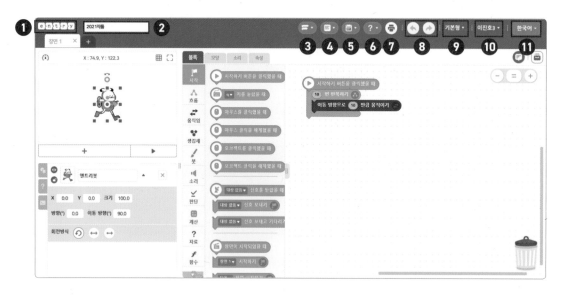

① **엔트리 로고** : 클릭하면 엔트리 시작 페이지로 이동합니다.

② **작품 이름** : 현재 만들고 있는 작품의 이름을 변경합니다.

③ **모드 선택** : '블록코딩'과 '엔트리파이썬' 모드 중 선택할 수 있습니다.

④ **새 작품 / 불러오기** : 작품을 새로 만들거나 불러옵니다. 온라인 또는 오프라인(내 컴퓨터)에 저장된 작품을 불러올 수 있어요. 온라인에서 불러오기는 엔트리에 로그인 했을때만 가능합니다.

⑤ **저장하기** : 현재 만들고 있는 작품을 저장합니다. '작품 이름'에서 정한 이름이나, 다른 이름으로 저장할 수 있습니다.

⑥ **도움말** : 블록 설명이나 하드웨어 연결 안내, 엔트리파이썬 안내 파일을 받을 수 있습니다.

⑦ **인쇄** : 작품의 장면, 오브젝트, 속성, 코드 화면을 인쇄할 수 있습니다.

⑧ **복구와 재실행** : 바로 이전 작업이나 다음 작업으로 복구하거나 재실행시킬 수 있습니다.

⑨ **환경 선택** : 기본형과 교과형 중에서 작업 환경을 선택할 수 있습니다.

⑩ **계정** : 로그인 한 경우 아이디를 클릭하면 저장한 작품을 확인하거나 내 정보 수정, 로그아웃을 할 수 있습니다.

⑪ **언어** : 현재 사용 언어를 표시합니다.

◆ **실행 화면**

실행 화면은 블록코딩으로 만든 프로그램이 실행되는 곳입니다.

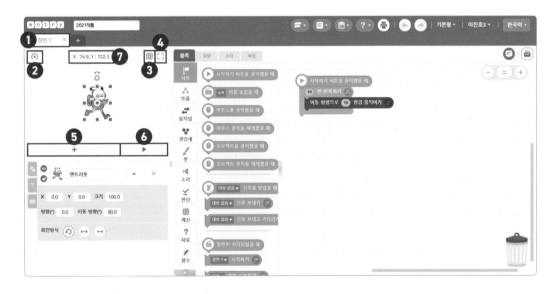

① **장면 탭** : 장면을 추가하거나 장면의 이름을 정할 수 있습니다.

② **속도 조절** : 코드의 실행 속도를 5단계로 조절할 수 있습니다.

③ **모눈종이** : 실행 화면에 모눈(격자)을 표시합니다.

❹ **화면 확대** : 실행 화면이 크게 표시됩니다. 원래 화면으로 돌아오려면 축소 버튼을 누릅니다.

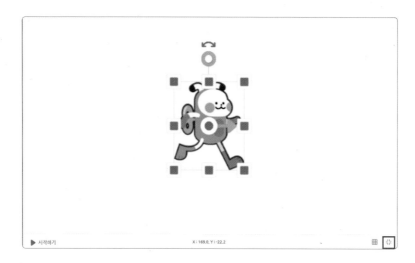

❺ **오브젝트 추가하기** : 클릭하면 새로운 오브젝트를 추가할 수 있습니다.

❻ **시작하기** : 블록을 조립하여 만든 코드를 실행합니다.

❼ **좌표** : 엔트리의 실행 화면은 x, y 좌표로 위치를 표시합니다. 중앙의 좌표 값을 x=0, y=0으로 하여 x축(가로)은 ' - 240'부터 '240'까지, y축(세로)은 ' - 135'부터 '135'까지입니다. 따라서 엔트리 화면의 전체 넓이는 '가로 480', '세로 270'이 됩니다.

모눈(격자) 버튼을 클릭하면 좌표를 좀 더 쉽게 확인할 수 있어요. 모눈의 한 칸은 '20'입니다. 실행 화면 안쪽에 마우스 포인터를 가져가면 마우스 포인터의 현재 좌표가 나타납니다. 오브젝트 목록에서는 각 오브젝트의 좌표를 확인할 수 있습니다.

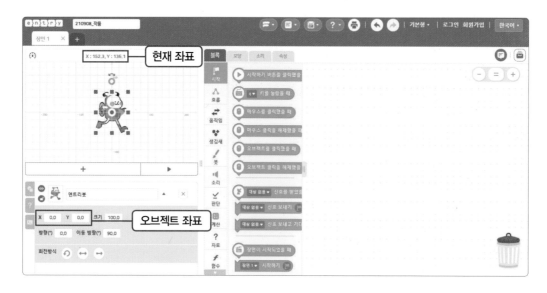

실행 화면에서 오브젝트를 선택하여, 오브젝트의 크기, 위치, 중심점, 이동 방향, 회전 등을 변경할 수 있습니다.

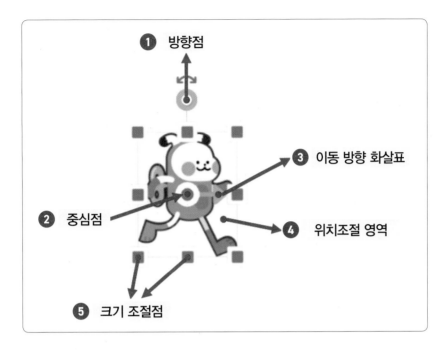

❶ **방향점** : 오브젝트가 바라보는 방향입니다. 노란색 동그라미를 마우스로 클릭하여 드래그하면 방향을 회전시킬 수 있습니다.

❷ **중심점** : 오브젝트의 좌푯값은 이 중심점을 기준으로 표시됩니다. 또 오브젝트의 방향도 이 중심점을 기준으로 회전합니다. 오브젝트가 회전하는 중심축을 변경하고 싶다면, 중심점을 마우스로 드래그하여 이동시킬 수 있습니다.

❸ **이동 방향 화살표** : 오브젝트의 '이동 방향'을 표시합니다. 화살표를 마우스로 드래그하여 변경할 수 있습니다. 이동 방향은 오브젝트의 '회전 방식'이 '모든 방향'일 때만 변경할 수 있습니다.

❹ **위치 조절 영역** : 오브젝트를 둘러싼 사각형 안쪽의 빈 공간을 클릭하여 드래그하면 오브젝트의 위치를 움직일 수 있습니다.

❺ **크기 조절점** : 위치조절 영역을 표시한 사각형에서 꼭짓점이나 중간점의 사각형을 클릭하여 드래그하면 오브젝트의 크기나 비율을 변경할 수 있습니다. 대각선 방향의 점을 조정하면 비율이 유지되면서 변경됩니다.

◆ 오브젝트 목록

코딩으로 명령을 내릴 수 있는 캐릭터, 배경, 그림, 글상자와 같은 대상을 엔트리에서는 '오브젝트'라고 부릅니다. 오브젝트는 이름, 위치 좌표, 크기, 방향 등의 여러 가지 정보를 갖고 있는데요. 오브젝트 목록에서는 이런 정보들을 확인하고 변경할 수 있습니다.

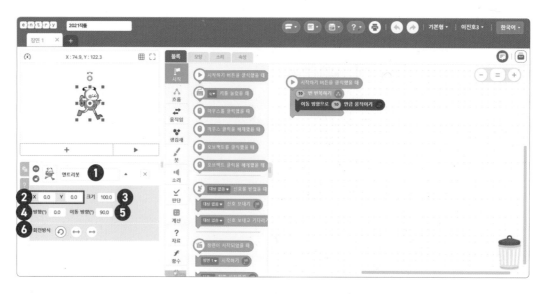

❶ 이름 : 오브젝트의 이름입니다. 원하는 이름으로 변경할 수 있습니다.

❷ 위치 : 오브젝트의 중심점 위치가 X, Y 좌표로 표시되고 직접 입력해 변경할 수 있습니다.

❸ 크기 : 오브젝트의 크기입니다. 수치를 직접 입력하면 비율이 유지되며 변경됩니다.

❹ 방향 : 오브젝트가 바라보는 방향입니다. 시계의 '12'시 방향을 '0'으로 하여 시계 방향으로 회전할수록 증가하고, '360°'가 되면 '0'으로 돌아옵니다.

❺ 이동 방향 : 오브젝트의 진행 방향입니다. '방향'과 같을 때를 '0'으로 하여 시계 방향으로 회전할수록 커집니다. '360°'가 되면 '0'으로 돌아옵니다.

❻ 회전방식 : 회전방식에는 '모든 방향', '좌우 방향', '한 방향' 세 가지가 있습니다. '모든 방향' 방식일 때만 '이동 방향'을 지정할 수 있습니다.

◆ 탭과 블록 꾸러미

탭 메뉴는 [블록], [모양], [소리], [속성] 네 가지로 이루어져 있습니다.

[블록] 탭은 오브젝트에 명령을 하기 위한 여러 블록 꾸러미들이 종류별로 모여 있습니다. 여기에서 블록을 클릭하고, 드래그해서 조립소로 옮기며 블록을 조립합니다.

[모양] 탭에서는 오브젝트가 가진 모양을 확인할 수 있습니다. 오브젝트는 여러 개의 모양을 가질 수 있고, 모양을 추가하거나 복사, 편집할 수도 있습니다. 모양마다 이름을 변경할 수도 있습니다.

[소리] 탭에서는 오브젝트가 낼 소리를 추가할 수 있으며 소리를 미리 들어볼 수도 있습니다. 소리는 오브젝트마다 따로 추가해야 합니다.

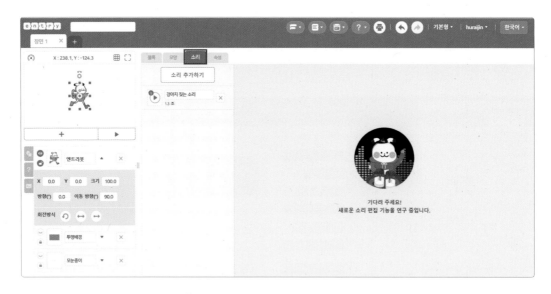

[소리 추가하기]를 클릭하면 엔트리에서 준비한 여러 가지 소리들이 종류별로 분류되어 있습니다. 사용하고 싶은 소리를 선택하고 [추가]를 클릭하면 작업 중인 오브젝트에 소리가 추가됩니다.

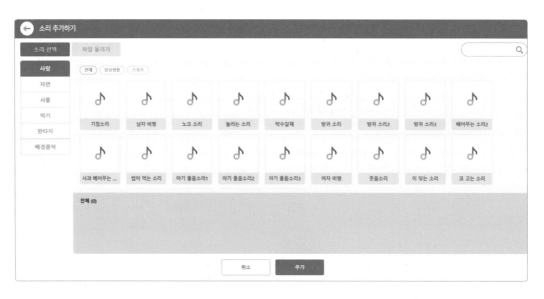

[속성] 탭에서는 코드 작성에 필요한 '변수', '신호', '리스트', '함수'를 추가하고 관리합니다. 각 속성을 추가하고 관리하는 방법은 예제를 통해 설명하겠습니다.

◆ 블록 조립소

블록 꾸러미에서 마우스로 블록을 가져와 조립하는 공간입니다. 모든 오브젝트마다 각각의 블록 조립소가 있으며, 조립된 블록들에 의해 프로그램 코드가 만들어집니다. 만들어진 코드는 실행 화면 하단의 [▶] (시작하기) 버튼을 클릭하면 실행됩니다.

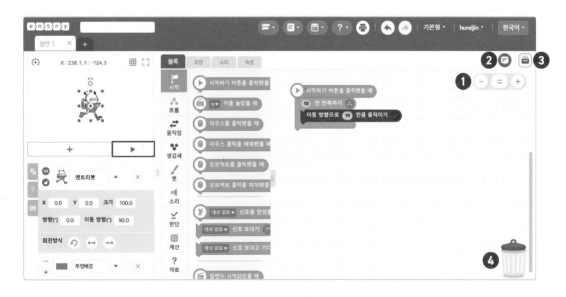

❶ **크기 조절** : 블록이 보이는 크기를 조절할 수 있습니다. [+]는 크게, [–]는 작게 변경되며 [=]를 선택하여 자동 조절할 수도 있습니다.

❷ **메모** : 작성한 코드를 설명하기 위한 '메모'를 작성합니다. 작성한 메모를 보이거나 숨기고 또 삭제할 수 있으며 코드에는 영향을 주지 않습니다.

❸ **보관함** : 자주 쓰는 블록조립을 보관함에 저장하고, 꺼내어 사용할 수 있습니다.

❹ **휴지통** : 작성한 블록을 휴지통으로 끌어와 놓으면 삭제할 수 있습니다. 블록은 블록 꾸러미 안으로 다시 옮겨 넣어도 삭제할 수 있습니다.

04 블록 코딩하기

◆ 블록 조립하기

원하는 블록을 꾸러미에서 블록 조립소로 드래그 앤 드롭하여 가져옵니다. 다른 블록의 위, 아래에 붙이거나, 사이에 끼워 넣어 코드를 조립합니다. 블록을 클릭한 채로 드래그하여 조립할 수 있는 위치로 가져오면 블록이 자석처럼 '딸깍' 붙으며 조립됩니다.

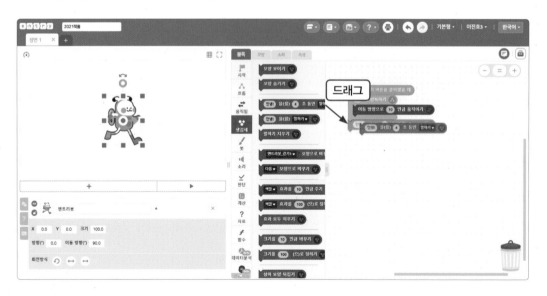

◆ 오브젝트 불러오기

실행 화면 아래의 [+]를 클릭하면, 사용할 오브젝트를 불러올 수 있습니다.

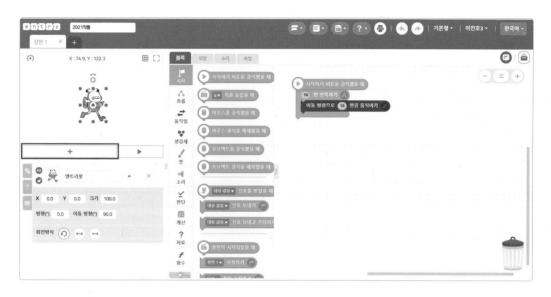

◆ 오브젝트 선택

종류별로 분류된 오브젝트 중에서 불러올 오브젝트를 선택하고 [추가]를 클릭하여 불러옵니다.

◆파일 올리기

jpg, png, svg, bmp 같은 이미지 파일 또는 eo 형식의 엔트리 오브젝트 파일을 선택하여 불러올 수 있습니다.

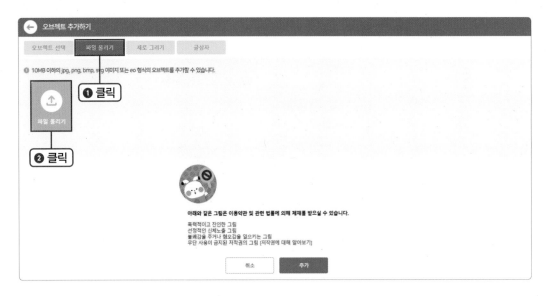

오브젝트 목록에서 마우스 오른쪽 클릭 후 [오브젝트 내보내기]를 선택하면, 작성한 블록코드를 포함하여 파일(eo)로 저장할 수 있습니다. 저장된 파일은 오브젝트 추가하기에서 [파일 올리기]로 다시 불러올 수 있습니다.

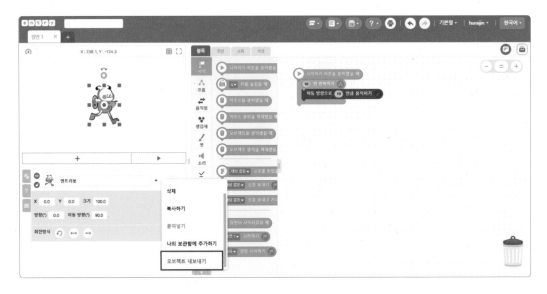

◆ 새로 그리기

새로 그림을 그려 오브젝트로 추가할 수 있습니다. [이동]을 선택하면 비어 있는 새로운 오브젝트가 추가되고, [모양] 탭에서 그림 그리기로 오브젝트를 그릴 수 있습니다.

◆ 글상자

텍스트 내용을 넣을 수 있는 글상자를 오브젝트로 추가할 수 있습니다. 내용을 작성한 후 [적용하기]를 클릭하면 오브젝트로 추가됩니다.

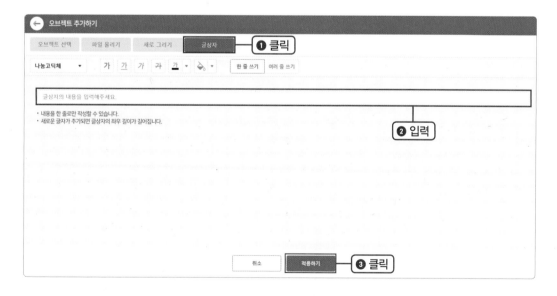

엔트리 인공지능 알아보기

엔트리 '인공지능'은 [인공지능 블록 불러오기]와 [인공지능 모델 학습하기]로 이루어져 있습니다.

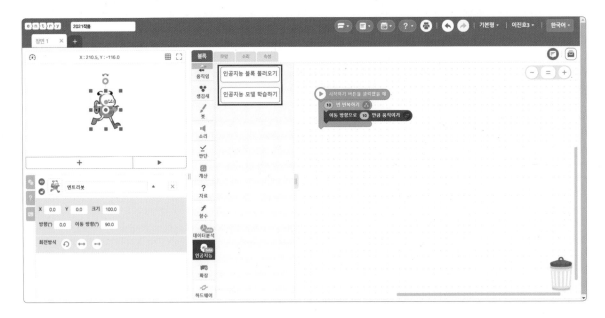

[인공지능 블록 불러오기]를 선택하면, '번역', '비디오 감지', '오디오 감지', '읽어주기' 네 가지의 기능 중에서 선택하여 인공지능 블록을 불러올 수 있습니다. 하나의 작품에서 여러 종류의 인공지능 블록을 사용할 수도 있습니다.

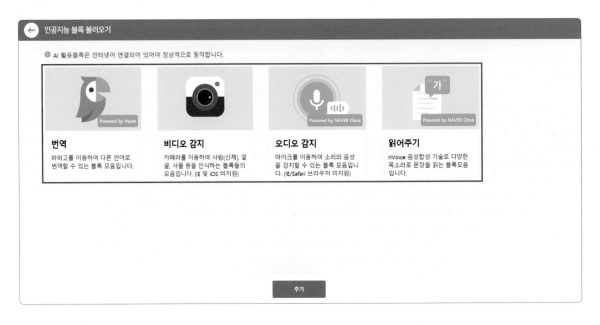

[인공지능 모델 학습하기]에서는 직접 데이터를 준비하고 분류하여 인공지능에게 학습시키고, 완성시킨 '머신 러닝 학습 모델'을 활용하여 코딩할 수 있습니다. '이미지', '텍스트', '소리', '숫자' 데이터를 활용해서 '분류', '예측', '군집' 등의 방식으로 학습 모델을 만들 수 있습니다.

06 엔트리 인공지능을 위한 센서 준비하기

인공지능은 인간의 두뇌를 따라하는 것이 목적이지만, 두뇌는 아무리 똑똑해도 혼자 일하지 않습니다. 두뇌가 생각을 하려면 '재료'가 필요하기 때문이에요. 그 재료는 바로 눈, 코, 귀 등의 감각기관을 통해 얻어진 '정보'들이에요.

인공지능 역시 인간의 이런 감각기관을 대신해서 정보를 받아들일 '센서(Sensor)'가 필요합니다. 눈을 대신하여 이미지 정보를 입력하는 '카메라'와, 귀를 대신해 소리를 녹음하는 '마이크' 같은 것들을 '센서'라고 할 수 있지요. 또, 두뇌가 생각한 결과를 표현하려면 입으로 말을 하거나 몸을 움직여 표현해야 합니다. 인공지능 역시 결과를 알려주기 위해서 스피커나 모니터 같은 출력 도구도 필요합니다.

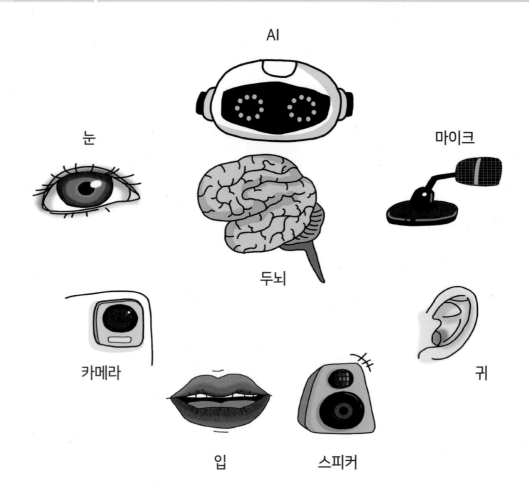

AI

눈

마이크

두뇌

카메라

귀

입

스피커

앞서 말한 것처럼 엔트리의 인공지능을 사용하기 위해서는 마이크와 카메라가 필요합니다. 그런데 마이크와 카메라를 컴퓨터에 연결해도 바로 작동하지 않을 수도 있습니다. 그럴 때에는 아래의 과정을 순서대로 확인하고 점검해 주세요. 친구들이 혼자 하기는 좀 어려울 수 있습니다. 부모님이나 선생님, 언니, 누나, 형, 오빠들의 도움을 받아 보세요!

◆ 크롬(Chrome) 브라우저에서 확인하기

01 엔트리를 사용하면서 마이크나 카메라 사용 권한에 대해 묻는 메시지 창이 나타나면 '허용'을 선택해 주세요.

02 만약 그래도 작동되지 않는다면 크롬에서 주소창 옆의 점 세 개 [맞춤 설정 및 제어]를 클릭하고 [설정]을 선택해 주세요.

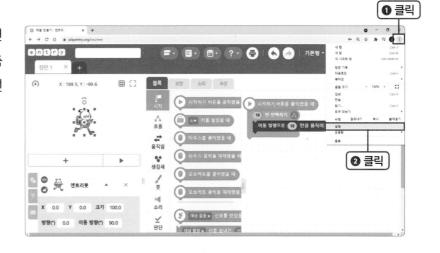

03 [설정] 메뉴에서 [개인정보 및 보안]을 선택하고, [사이트 설정]을 클릭해 주세요.

04 [권한]에서 [카메라]와 [마이크] 항목을 확인하세요. 현재 사용하고 있는 카메라나 마이크의 이름을 확인하고, 엔트리 사이트가 차단되어 있지는 않은지 확인하세요.

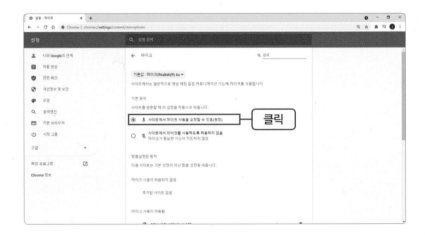

◆ 윈도우에서 확인하기(윈도우 10)

01 윈도우 [시작] 메뉴를 열어서 '설정'을 선택하세요.

> **TIP** 따라하기 그림은 윈도우10 버전에서 작성되었습니다. 다른 윈도우 버전의 경우 그림과 다를 수 있습니다.

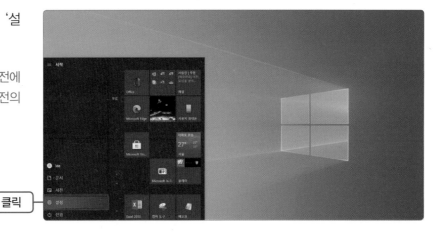

클릭

02 검색창에 '카메라'를 검색하여, '카메라 개인 정보 설정'을 선택하세요.

클릭

03 카메라 개인정보 설정에서 아래의 세 가지 항목을 허용해 주세요.

- 이 장치의 카메라에 대한 액세스 허용
- 앱에서 카메라에 액세스하도록 허용
- 데스크톱 앱에서 카메라를 사용할 수 있도록 허용

04 같은 방식으로 검색창에 '마이크'를 검색하여, '마이크 개인 정보 설정'을 선택하세요.

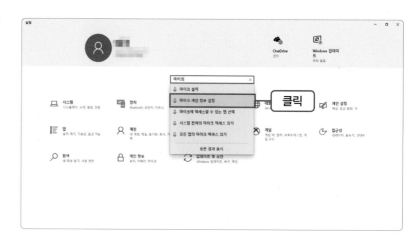

05 마찬가지로, 아래 세 부분의 항목을 허용해 주세요.

- 이 장치의 마이크에 대한 액세스 허용
- 앱에서 마이크에 액세스하도록 허용
- 데스크톱 앱이 마이크에 액세스하는 것을 허용

이제 엔트리 인공지능 활용을 위한 기본적인 '센서'가 준비되었습니다. 다음 시간부터는 함께 프로그램을 만들면서 인공지능 활용을 하나씩 배워 보겠습니다.

03 LESSON

인공지능, 내 말을 들어줘!

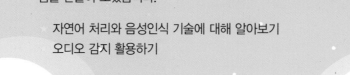

인공지능에게 말로 명령할 수 있는 원리는 무엇일까요? 언어와 관련된 인공지능 기술에 대해 알아보고, 이를 활용하여 엔트리에게 말로 명령하는 프로그램을 만들어 보겠습니다.

★ 자연어 처리와 음성인식 기술에 대해 알아보기
오디오 감지 활용하기

예전에는 기계나 컴퓨터에게 일을 시키려면 주로 키보드로 명령어를 입력했습니다. 하지만 요즘엔 말로해도 척척 알아듣는 기계들이 많아졌지요. 사람의 말을 알아듣는 인공지능이 들어있기 때문입니다. 사람의 말을 알아듣는 기술을 '자연어 처리'라고 부릅니다.

집에서 많이 쓰이는 음성인식 스피커나 자동차에 설치된 내비게이션들도 말을 잘 알아듣죠. 인공지능은 어떻게 우리의 말을 알아들을 수 있는 걸까요?

인공지능은 사람의 말을 듣고, 사람들이 평소 사용했던 언어자료를 바탕으로 그 의미를 이해합니다. 말을 문자로 바꾸거나 반대로 문자를 음성 언어로 바꿔주기도 하지요. 인공지능은 이 과정을 아주 빠르게 처리하기 때문에 우리에게는 마치 말을 바로 알아듣는 것처럼 느껴지는 것입니다.

'자연어 처리' 기술에서 '말'을 '문자'로 바꿔주는 것을 'Speech(스피치) to Text(텍스트)', 그 반대로 '문자'를 '말'로 바꿔주는 것을 'Text(텍스트) to Speech(스피치)'라고 합니다. 자동 번역기에서 많이 쓰이는 기술입니다. 이번 시간에는 이 자연어 처리 기술을 통해 우리의 말을 알아듣는 인공지능을 만들어보겠습니다.

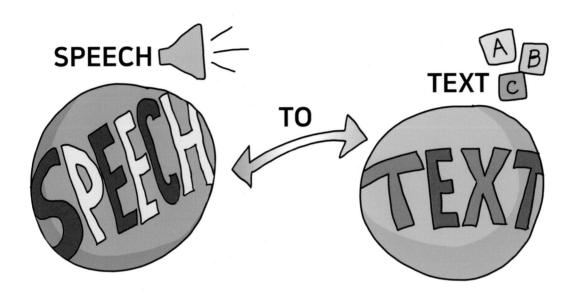

작품 미리보기

엔트리봇에게 말로 명령을 내려 봅시다! 엔트리봇이 말을 알아듣고 반응하여 모양을 바꿉니다.

[▶] 버튼을 눌러 코드를 실행하면 엔트리봇이 인사와 안내말을 합니다.

Spacebar 키를 누르면 녹음이 시작됩니다. 말로 명령을 할 수 있어요.

엔트리봇이 동작 이름을 말하고, 명령에 맞는 모양으로 바뀝니다.

◆ 사용할 인공지능

◀ 오디오 감지

인공지능이 마이크로 녹음한 내용을 분석하여 문자로 바꿉니다. 소리 크기도 분석할 수 있습니다.

블록 알아보기

명령 블록	설명
시작하기 버튼을 클릭했을 때	[▶]를 눌렀을 때 코드가 실행됩니다.
q▼ 키를 눌렀을 때	키보드의 지정한 키를 누르면 코드가 실행됩니다.
만일 〈참〉 (이)라면	• 만약 어떤 조건이 '참'일 경우의 명령을 실행하고 싶을 때 사용합니다. • 파란색 〈참〉 부분에 '판단' 꾸러미의 블록을 끼워 원하는 조건을 지정할 수 있습니다. • 조건이 만족되면 블록 모양 안쪽에 끼워진 블록이 실행됩니다.

명령 블록	설명
안녕! 을(를) 말하기▾	말풍선으로 입력 칸의 내용을 출력하는 블록입니다.
안녕! 을(를) 4 초 동안 말하기▾	말풍선으로 입력 칸의 내용을 정해진 시간 동안 출력하는 블록입니다.
엔트리봇_걷기1▾ 모양으로 바꾸기	오브젝트는 여러 개의 모양을 가질 수 있는데 오브젝트의 모양을 지정한 이름의 모양으로 변경하는 블록입니다.
10 = 10	• 양쪽 칸에 입력된 내용이나 숫자가 같으면 조건을 '참'으로 만듭니다. • =(같다) 외에도 >(크다), <(작다), ≠(다르다) 등의 조건을 정할 수 있습니다.
음성 인식하기	음성 인식을 시작하고, 마이크로 소리를 녹음하도록 하는 블록입니다.
음성을 문자로 바꾼 값	녹음된 소리를 글자로 변환하여 이 블록에 저장합니다. 다른 블록의 홈에 끼워서 사용할 수 있습니다.

◆ 새 작품 준비하기

01 새 작품을 만들기 위해 엔트리 사이트에서 로그인 한 후 [만들기] – [작품 만들기]를 선택합니다.

02 다른 작품을 만들고 있었다면 상단 메뉴에서 [새로 만들기]를 선택합니다. 만들고 있던 작품은 저장을 해야겠죠?

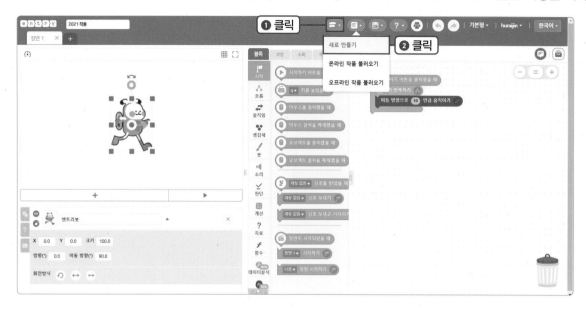

03 만약 '사이트를 새로고침 하시겠습니까?'라는 메시지가 나오면, '새로고침'을 선택합니다.

04 오브젝트 목록에서 '엔트리봇' 오브젝트의 [x]를 클릭해서 삭제합니다. 여기까지는 앞으로 모든 단원에서 새 작품을 준비하기 위해 해야 하는 과정입니다. 잘 기억해 두세요.

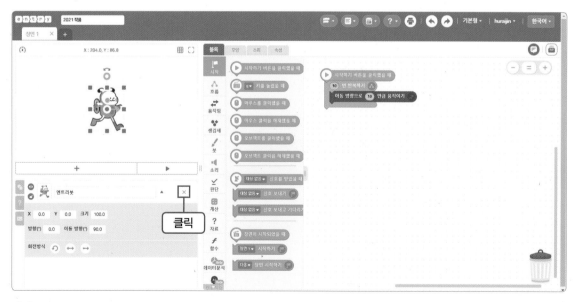

◆ 오브젝트 준비하기

01 실행 화면 아래의 [+]를 클릭하여 [오브젝트 추가하기] 창을 엽니다.

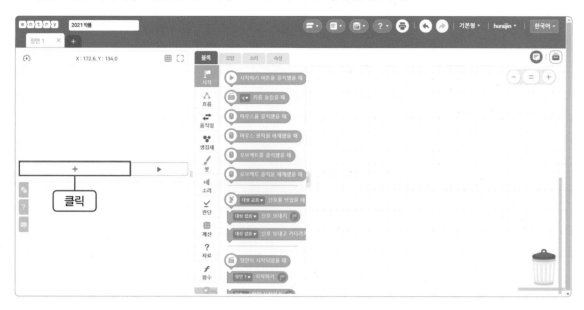

02 아래의 오브젝트를 찾아 선택하고 [추가]를 클릭합니다.

종류	이름
엔트리봇	다양한 표정 엔트리봇
배경	공원(3)

03 오브젝트가 추가되었으면 오브젝트 목록에서 '다양한 표정 엔트리봇' 오브젝트의 크기를 '150'으로 변경합니다.

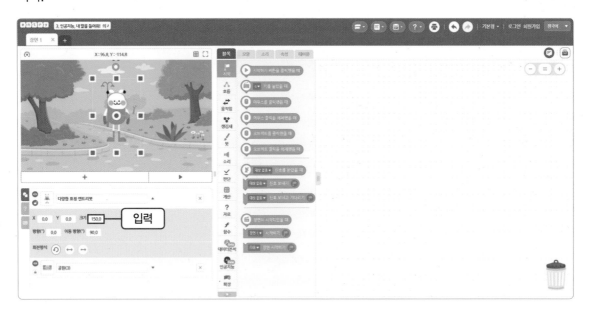

◆ 인공지능 블록 불러오기

01  블록 꾸러미에서 [인공지능 블록 불러오기]를 선택합니다.

02 [오디오 감지]를 선택하고 [추가]를 클릭합니다.

◆ 블록 코딩하기

01 엔트리봇의 여러 모양에 각각 이름을 지정해 보겠습니다. '다양한 표정의 엔트리봇' 오브젝트를 선택하고 블록 꾸러미의 [모양] 탭을 선택합니다.

02 아홉 개의 모양 중에서 먼저 1번부터 5번까지의 모양만 사용하겠습니다. 1번부터 5번까지의 모양을 확인해 보고, 모양 이름 부분을 클릭하여 다음과 같이 이름을 변경합니다.

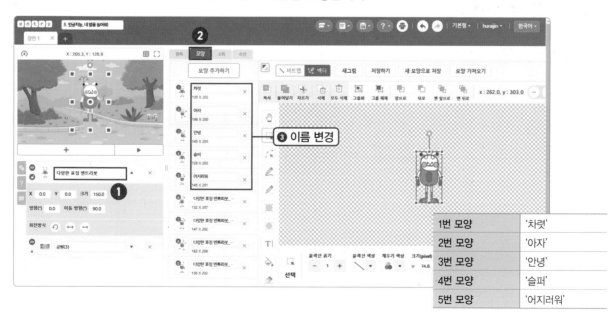

1번 모양	'차렷'
2번 모양	'아자'
3번 모양	'안녕'
4번 모양	'슬퍼'
5번 모양	'어지러워'

03 [시작] 의 (▶ 시작하기 버튼을 클릭했을 때) 를 추가합니다.

04 [생김새] 의 (안녕! 을(를) 4 초 동안 말하기▼) 를 조립합니다. 내용에 '안녕, 만나서 반가워'를 입력하고, 말하기 시간을 '2초'로 지정합니다.

05 한 번 더 (안녕! 을(를) 4 초 동안 말하기▼) 를 조립합니다. 내용에 '[Spacebar] 키를 눌러서 나에게 말로 명령해줘!'를 입력하고, 말하기 시간을 '2초'로 지정합니다.

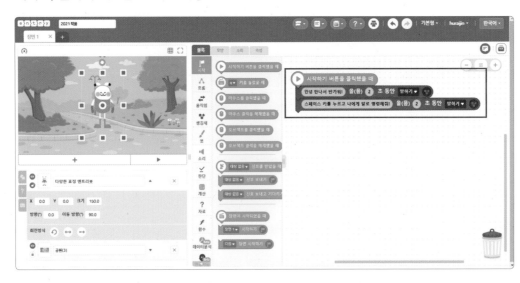

TIP [▶]을 눌러 코드를 실행하면, 엔트리봇이 인사를 하고 안내말을 합니다.

06 [시작] 의 (q▼ 키를 눌렀을 때) 를 추가하고, 키를 '스페이스'로 변경합니다.

07 [인공지능] 의 (음성 인식하기 ◉) 를 조립합니다.

08 [생김새] 의 (안녕! 을(를) 말하기▼) 를 조립하고, [인공지능] 의 (음성을 문자로 바꾼 값) 을 끼워 넣습니다.

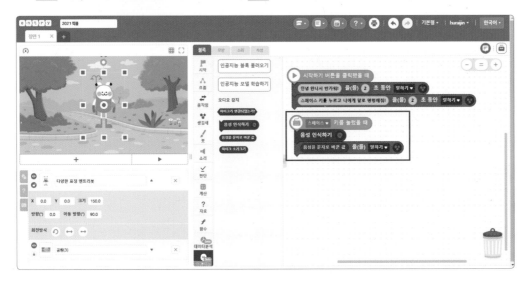

TIP [Spacebar] 키를 누르면 소리 녹음이 시작되고, 녹음된 소리의 음성을 문자로 바꾸어 말풍선으로 표시합니다.

09 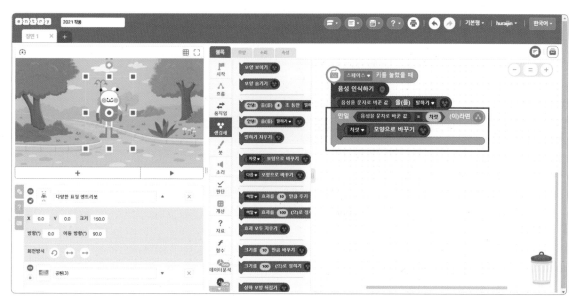 의 ⌐만일 참 (이)라면⌐ 을 조립합니다.

10 의 ◁ 10 = 10 ▷ 을 조건 블록에 끼워 넣습니다. 왼쪽에는 음성을 문자로 바꾼 값 을 끼워 넣고, 오른쪽에는 첫 번째 모양 이름인 '차렷'을 입력합니다.

11 의 차렷 ▾ 모양으로 바꾸기 를 조건 블록 안으로 끼워 넣습니다.

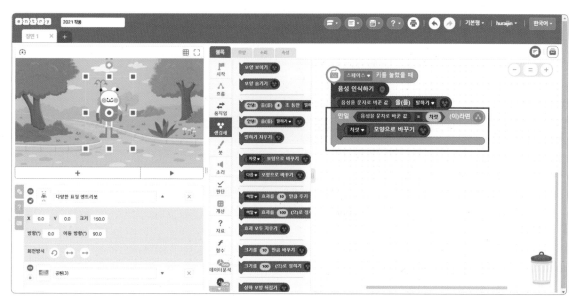

TIP 음성을 문자로 바꾼 내용이 첫 번째 모양 이름과 같으면, 그대로 바꿉니다.

12 조건 블록에서 마우스를 오른쪽 버튼을 클릭하여 [코드 복사 & 붙여넣기]를 선택하면 블록이 복사됩니다.

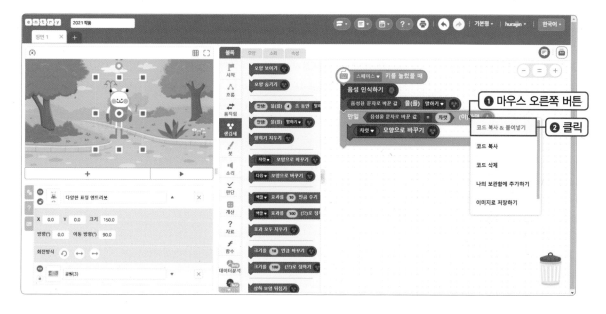

❶ 마우스 오른쪽 버튼

❷ 클릭

코드 복사 & 붙여넣기
코드 복사
코드 삭제
나의 보관함에 추가하기
이미지로 저장하기

13 복사된 블록을 아래로 이어 붙이고, 이 과정을 네 번 반복하여 모두 다섯 개의 조건 블록이 이어지게 조립합니다.

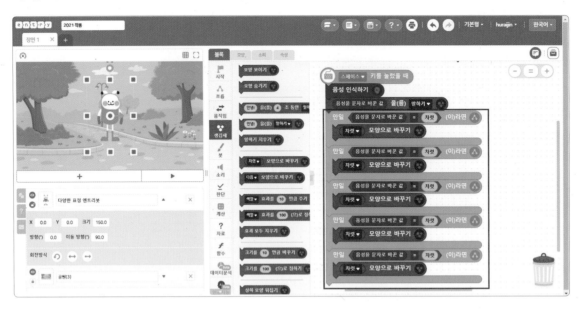

14 각각의 조건문에서 음성을 문자로 바꾼 값 과 비교할 명령의 내용을 오브젝트의 모양 이름과 같도록 변경하고, 모양 바꾸기 블록의 모양 이름도 명령 내용과 같게 변경합니다.

TIP 모양 이름을 말로 명령하면, 그에 맞게 오브젝트의 모양이 변경됩니다.

15 작품 이름을 '인공지능, 내 말을 들어줘!'로 변경하고 작품을 저장합니다.

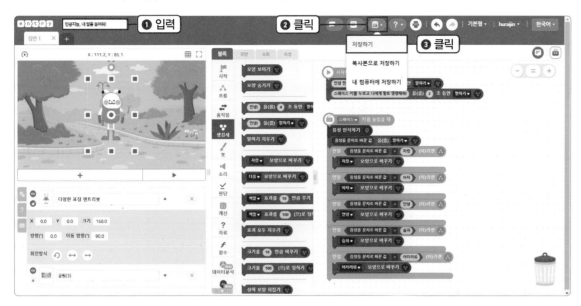

16 [▶]를 클릭하여 코드를 실행해 봅니다. [Spacebar] 키를 누르고 '차렷', '아자', '안녕', '슬퍼', '어지러워' 중 하나를 말하면 오브젝트가 해당 모양으로 변경되는지 확인해 봅니다.

01 '다양한 표정 엔트리봇' 오브젝트에는 아직 이름을 지어주지 않은 모양이 더 있습니다. 나머지 6~9번 모양도 어울리는 이름으로 변경해 보세요.

조건 블록을 네 번 더 추가하여 더 많은 음성 명령으로 다양한 동작을 하도록 만들어 보세요.

01 인공지능의 음성인식이 어떻게 이루어지는지 이해했나요? 우리 주변에는 음성인식 기술이 어떻게 사용되고 있는지 생각해 봅시다. 우리가 어떤 말을 많이 했었고, 인공지능이 어떤 말을 잘 알아들었는지 떠올려 봅시다.

----

02 인공지능은 어떻게 우리의 말을 알아듣는 것일까요? 또 어떤 말은 잘 알아듣고, 어떤 말은 잘 알아듣지 못하는 이유는 무엇일까요?

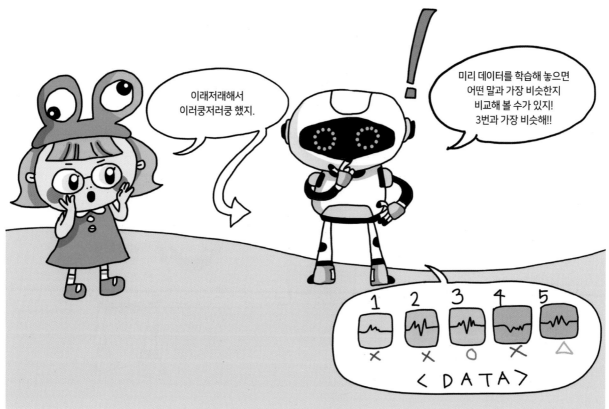

04 LESSON 통역사 로봇 만들기

자연어 처리 기술 중 대표적인 것이 번역기입니다. 엔트리의 번역과 문자 읽어주기 기능을 활용해서 외국어 번역기를 만들어 보겠습니다.

★ 인공지능 번역기의 원리 알아보기
★ 오디오 감지, 번역, 읽어주기 활용하기

친구들끼리 사용하는 말 중에는 어른들이 잘 모르는 말도 있습니다. 친구들끼리 새로 만든 말이기 때문인데요. 이렇게 예전에는 없던 새로 생겨난 말들을 '신조어'라고 해요.

사람들이 자연스럽게 쓰는 말을 '자연어'라고 하는데요. 그렇다면 자연스럽게 만들어지지 않은 말은 무엇일까요? 컴퓨터에게 명령을 내리는 말인 프로그래밍 언어들은 컴퓨터가 알아들을 수 있는 정해진 규칙대로 만들어진 '인공어'입니다.

예전에는 컴퓨터에게 일을 시키려면 이런 인공어를 배워야 했습니다. 하지만 인공지능은 우리가 기계에게 '자연어'로 명령을 내리면 '인공어'로 바꾸어 전달해 줍니다. 반대로 기계의 언어를 우리가 알아들을 수 있도록 도와주기도 합니다.

이러한 인공지능 기술이 많이 사용되는 분야 중 하나가 통역이나 번역입니다. 외국어를 할 줄 몰라도 인공지능이 여러 나라의 말을 번역해 주는 것이죠. 유능한 통역사도 동시에 몇 개 이상의 언어를 사용하기는 어렵지만, 인공지능은 수십 개 이상의 언어를 통역할 수도 있습니다.

앞에서 배운 '오디오 감지' 기능과 함께 엔트리의 '번역', '읽어주기' 기능을 사용해서 통역사 로봇을 만들어 보겠습니다.

엔트리봇에게 번역을 시켜볼까요? 엔트리봇에게 말을 하면 영어로 번역해서 알려줍니다.

[▶] 버튼을 눌러 코드를 실행하면, 엔트리봇이 인사와 안내말을 합니다.

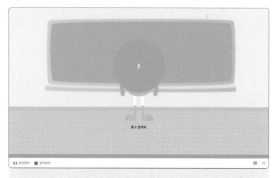

Spacebar 키를 누르면 녹음이 시작됩니다. 번역하고 싶은 내용을 말하세요. 또박또박 정확한 발음으로 말해 주세요.

인공지능이 말한 내용을 영어로 번역하여, 말풍선과 음성으로 알려줍니다.

◆**사용할 인공지능**

▲ 번역

인공지능이 텍스트(문자) 내용을 다른 언어로 번역해 주는 기능입니다.

▲ 오디오 감지

인공지능이 마이크로 녹음한 내용을 분석하여 문자로 바꿉니다. 소리 크기도 분석할 수 있습니다.

▲ 읽어주기

인공지능이 문자의 내용을 음성으로 바꾸는 기능입니다.

명령 블록	설명
2 초 기다리기	코드의 실행을 지정한 시간만큼 잠시 멈추도록 합니다.
참 이(가) 될 때까지 기다리기	파란색 부분의 조건이 '참'이 될 때까지 다음 코드의 실행을 기다립니다.
안녕! 을(를) 4 초 동안 말하기▼	입력 칸의 내용이나 끼워진 블록의 값을 지정한 시간 동안 말풍선으로 표시합니다.
마이크가 연결되었는가?	마이크가 사용 가능한지를 확인하는 블록입니다. 조건 블록에 끼워 사용합니다.
음성 인식하기	마이크로 녹음하여 음성 인식을 시작합니다.
음성을 문자로 바꾼 값	인공지능이 녹음된 내용을 문자로 바꿔 이 블록에 저장합니다. 다른 블록에 끼워서 사용합니다.
엔트리 읽어주기	입력된 내용이나 끼워진 블록에 저장된 값을 음성으로 읽어줍니다.
여성▼ 목소리를 보통▼ 속도 보통▼ 음높이로 설정하기	읽어주기 기능에 사용할 목소리의 종류와 속도, 음 높이를 지정할 수 있습니다.
한국어▼ 엔트리 을(를) 영어▼ 로 번역하기	입력된 내용이나 끼워진 블록의 값을 지정한 언어로 번역해 줍니다.

MAKE

◆ 새 작품 준비하기

01 엔트리 사이트에서 [만들기] – [작품 만들기]를 선택하거나, 엔트리 상단 메뉴에서 [새로 만들기]를 선택합니다.

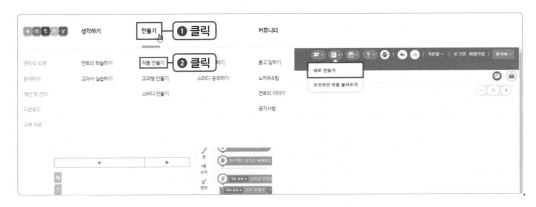

02 기본 오브젝트인 '엔트리봇'을 삭제합니다.

◆ 오브젝트 준비하기

01 실행 화면 아래의 [+]를 클릭하여 [오브젝트 추가하기] 창을 엽니다.

02 아래의 오브젝트를 찾아 선택하고 [추가]를 클릭합니다.

종류	이름
엔트리봇	(3)엔트리봇
배경	칠판

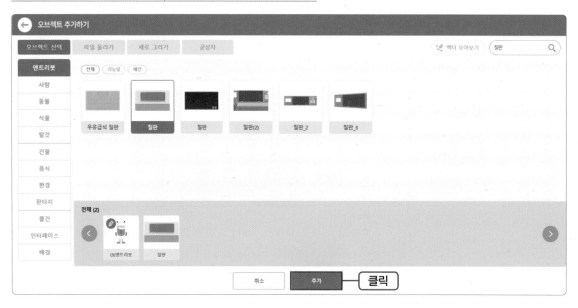

◆ 인공지능 블록 불러오기

01 ![인공지능] 블록 꾸러미에서 [인공지능 블록 불러오기]를 선택합니다.

02 [번역], [오디오 감지], [읽어주기]를 모두 선택하고 [추가]를 클릭합니다.

◆ 블록 코딩하기

01 '엔트리봇' 오브젝트를 선택하고 ![시작] 의 ![▶ 시작하기 버튼을 클릭했을 때] 를 추가합니다.

02 ![흐름] 의 ![참 이(가) 될 때까지 기다리기] 를 조립하고, 판단 조건에 ![인공지능] 의 ![마이크가 연결되었는가?] 를 끼워 넣습니다.

03 ![생김새] 의 ![안녕! 을(를) 4 초 동안 말하기▼] 를 세 번 이어서 조립합니다.

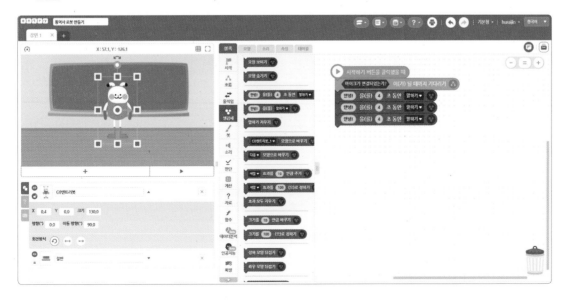

04 세 개의 말하기 내용을 다음과 같이 변경합니다. 말하는 시간은 모두 '2초'로 변경합니다.

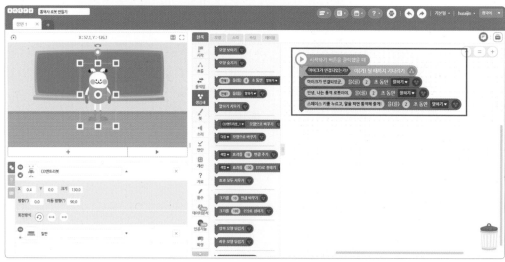

TIP [▶]을 눌러 코드를 실행하면, 마이크 연결을 확인 후 엔트리봇이 인사와 안내말을 합니다.

05 🏴 의 🔘 키를 눌렀을 때 를 추가하고, 키를 '스페이스'로 변경합니다.

06 🔵 의 음성 인식하기 를 조립합니다.

07 😀 의 안녕! 을(를) 말하기▼ 를 조립합니다. 내용에 🔵 의 음성을 문자로 바꾼 값 을 끼워 넣습니다.

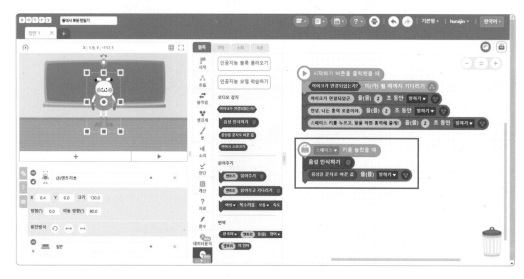

TIP Spacebar 키를 누르면 녹음이 시작되고, 인식된 음성의 내용을 문자로 바꾸어 말풍선으로 표시합니다.

08 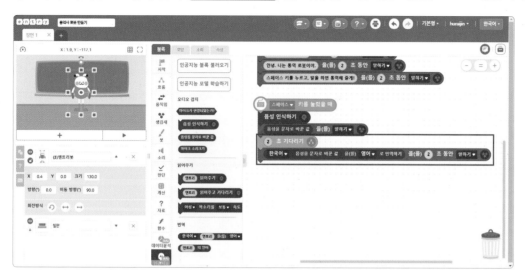의 `2 초 기다리기`를 조립합니다.

09 의 `안녕! 을(를) 4 초 동안 말하기`를 조립하고, 내용에 의 `한국어 ▼ 엔트리 을(를) 영어 ▼ 로 번역하기`를 끼워 넣습니다. 다시 (엔트리) 부분에 `음성을 문자로 바꾼 값`을 끼워 넣고 말하는 시간을 '2초'로 정합니다.

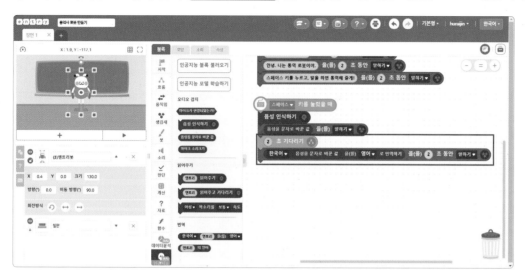

10 의 `여성 ▼ 목소리를 보통 ▼ 속도 보통 ▼ 음높이로 설정하기`를 조립합니다.

11 의 `엔트리 읽어주기`를 조립하고, (엔트리) 부분에 `한국어 ▼ 엔트리 을(를) 영어 ▼ 로 번역하기`를 끼워 넣습니다. 다시 (엔트리) 부분에 `음성을 문자로 바꾼 값`을 끼워 넣습니다.

TIP 2초를 기다린 후 입력된 한국어 내용을 영어로 번역하여 2초 동안 말풍선으로 표시하고, 설정된 목소리로 읽어줍니다.

12 작품 이름을 '통역사 로봇 만들기'로 변경하고 작품을 저장합니다.

01 엔트리 인공지능이 번역할 수 있는 언어는 몇 가지나 될까요? [번역하기] 블록의 양쪽 메뉴를 살펴보세요. 번역의 재료가 될 언어와 결과가 될 언어를 선택할 수 있습니다. 어떤 언어는 번역이 잘 되고, 어떤 언어는 잘 안되는지 확인해 보세요.

번역이 잘 되는 언어	번역이 잘 안 되는 언어

02 혹시 외국어를 할 수 있다면, 외국어를 녹음하여 한국어로 통역하도록 코드를 변경해 보세요. 코드를 아래와 같이 변경하면 원래와는 반대로 영어를 한국어로 번역해주는 로봇이 됩니다.

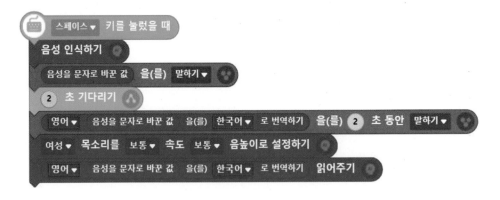

03 목소리를 바꿀 수도 있어요. 목소리 설정 블록에서 목소리와 속도, 음높이를 바꿔주면 됩니다. 여러 가지 목소리로 번역 결과를 읽어주도록 만들어 보세요.

01 인공지능은 어떻게 서로 다른 언어를 번역할 수 있을까요? 지난 시간에 알아본 것처럼 수많은 외국어 데이터를 미리 학습했기 때문입니다. 이때 많은 나라에서 많은 사람들이 사용하는 언어일수록 더 많은 데이터가 있기 때문에 번역도 더 잘된답니다.

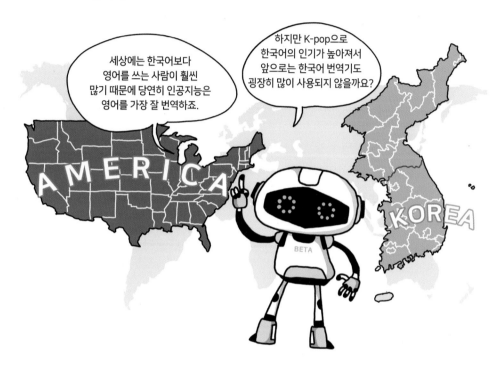

02 강아지나 고양이의 소리를 연구해서 학습시킨다면 무엇을 만들 수 있을까요?

움직이는 초상화 만들기

05
L E S S O N

인공지능은 촬영된 사진이나 동영상에서 여러 요소를 찾아낼 수 있어요. 비디오 감지 기능이 우리의 얼굴을 어떻게 인식하는지 알아보고, 그림이 눈, 코, 입을 따라 움직이는 프로그램을 만들어 보겠습니다.

인공지능의 이미지 인식 원리 알아보기
비디오 감지 활용하기

인공지능은 그림이나 사진 같은 '이미지'를 인식하여 학습하기도 합니다. 이미지 인식이 많이 사용되는 분야는 보안이에요. 예전에는 지문이나 비밀번호 등으로 신분을 확인했지만, 이제는 얼굴이나 눈동자만 보여주면 인공지능이 신분을 확인해 줍니다.

인공지능은 어떻게 얼굴을 인식할까요? '누구의 얼굴'인지 판단하는 것도 중요하지만, 그것이 '사람의 얼굴'이라는 것은 어떻게 아는 것일까요?

인공지능은 수많은 사람의 얼굴을 학습하여 눈이 어떻게 생겼는지, 코는 어떻게 생겼는지, 입은 어떻게 생겼는지 나름의 기준을 갖고 있습니다. 다양한 나이, 성별, 인종의 얼굴을 데이터로 학습하여 '얼굴 인식'을 할 수 있는 것이죠.

작품 미리보기

스마트폰으로 다양한 모양이 얼굴을 따라 움직이는 App을 사용해 본 적이 있나요? 엔트리로 비슷한 프로그램을 만들어 볼게요.

[▶] 버튼을 눌러 코드가 실행되면 안내말이 표시되고, 카메라가 켜집니다.

촬영이 시작되면, 인공지능이 카메라에 촬영된 얼굴의 눈, 코, 입술의 위치를 파악하여 마스크 모양을 표시하고, 오브젝트들이 그 위치를 따라 움직입니다.

◆ 사용할 인공지능

인공지능이 카메라로 촬영된 대상을 인식하는 기능입니다.

◀ 비디오 감지

블록 알아보기

명령 블록	설명
계속 반복하기	가운데 끼워 넣은 블록들을 계속해서 반복하여 실행합니다.
참 이(가) 될 때까지 기다리기	지정한 조건이 '참'이 될 때까지 코드의 실행을 기다립니다.
x: 0 y: 0 위치로 이동하기	오브젝트를 X, Y 좌표로 이동시킵니다.

명령 블록	설명
비디오 화면 보이기 ▼ / 비디오 화면 숨기기 ▼	카메라에 촬영된 화면을 보이거나 숨길 수 있습니다.
비디오가 연결되었는가?	카메라가 연결되어 촬영되고 있는지를 판단하는 블록입니다. 조건 블록에 끼워 사용합니다.
사람 ▼ 인식 시작하기 ▼	인공지능에게 정해진 대상을 인식하도록 하는 블록입니다. 사람, 얼굴, 사물 중에서 선택할 수 있습니다.
인식된 사람 ▼ 보이기 ▼	[인식 시작하기]에서 선택한 대상이 감지되면 화면에 표시하는 블록입니다. '사람', '얼굴', '사물' 중에서 선택할 수 있고, 보이거나 숨길 수 있습니다. 사람은 점과 선으로, 얼굴은 마스크 모양으로, 사물은 사각형으로 표시됩니다.
1 ▼ 번째 사람의 얼굴 ▼ 의 x ▼ 좌표	인공지능에게 사람 인식을 명령했다면, 인식된 사람의 신체 위치를 파악하여 그 좌표를 사용할 수 있습니다.
1 ▼ 번째 얼굴의 왼쪽 눈 ▼ 의 x ▼ 좌표	인공지능에게 얼굴 인식을 명령했다면, 인식된 얼굴의 각 부위 위치를 파악하여 그 좌표를 사용할 수 있습니다. 양쪽 눈, 입꼬리와 코, 윗입술, 아랫입술을 선택할 수 있습니다.

◆ 새 작품 준비하기

01 엔트리 사이트에서 [만들기] – [작품 만들기]를 선택하거나, 엔트리 상단 메뉴에서 [새로 만들기]를 선택합니다.

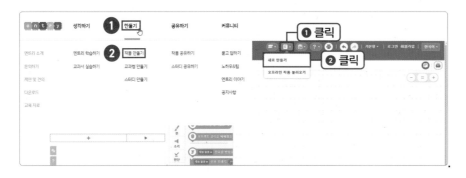

02 기본 오브젝트인 '엔트리봇'을 삭제합니다.

◆ 오브젝트 준비하기

01 실행 화면 아래의 [+]를 클릭하여 오브젝트 불러오기 창을 엽니다. 다음 오브젝트를 선택하고 [추가] 버튼을 클릭해 오브젝트를 추가합니다.

종류	이름
물건	신호
인터페이스	하트(1)
인터페이스	제목 리본

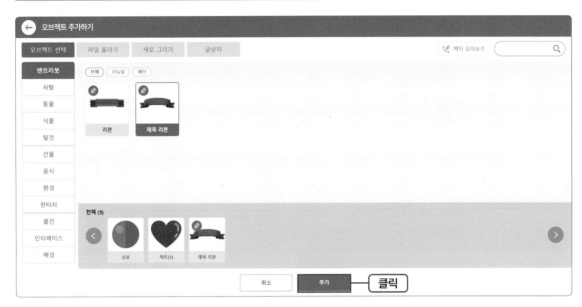

02 모든 오브젝트의 크기를 '50'으로 변경합니다.

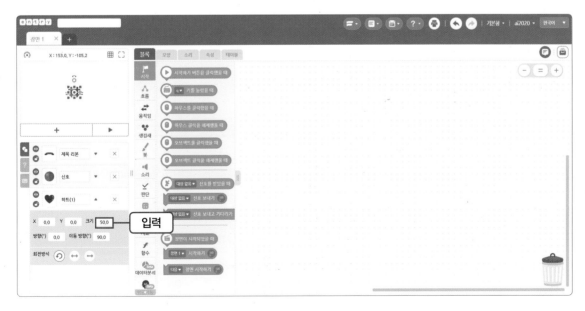

03 '제목 리본'과 '하트(1)' 오브젝트를 한 번씩 복제합니다. 오브젝트 목록에서 마우스를 오른쪽 버튼을 클릭하고 '복제'를 선택하면, 오브젝트가 복제됩니다.

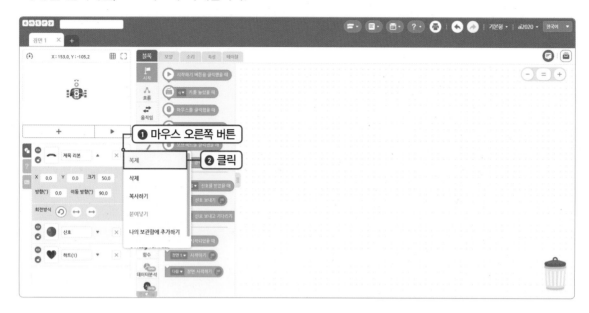

04 오브젝트의 이름을 다음과 같이 변경합니다.

종류	이름
하트(1)	오른쪽눈
하트(1)1	왼쪽눈
신호	코
제목 리본	윗입술
제목 리본 1	아랫입술

05 '아랫입술' 오브젝트의 방향을 '180'으로 변경하여 뒤집습니다.

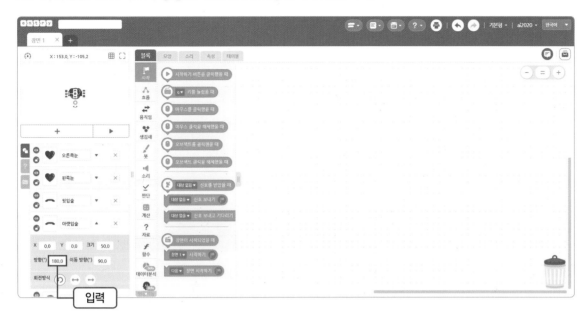

◆ 인공지능 블록 불러오기

01 블록 꾸러미에서 [인공지능 블록 불러오기]를 선택합니다.

02 [비디오 감지]를 선택하고, [추가]를 클릭합니다.

◆ 블록 코딩하기

01 '왼쪽 눈' 오브젝트에  의 시작하기 버튼을 클릭했을 때 를 추가합니다.

02 의 안녕! 을(를) 4 초 동안 말하기 를 조립합니다. 내용에 '카메라를 켜고, 얼굴을 비춰주세요.'를 입력하고 말하기 시간은 '2초'로 정합니다.

03 의 참 이(가) 될 때까지 기다리기 를 조립합니다. 판단 조건에 의 비디오가 연결되었는가? 를 끼워 넣습니다.

04 의 비디오 화면 보이기 , 사람 인식 시작하기 , 인식된 사람 보이기 를 이어서 조립합니다. 인식대상을 '사람'에서 '얼굴'로 모두 변경합니다.

TIP [▶]을 클릭하여 코드를 실행하면, 비디오 감지가 시작됩니다. 실행 화면에 내 얼굴이 보이고, 마스크 형태로 표시될 거예요. 내 움직임에 따라 마스크가 잘 움직이는지 확인합니다. 비디오 감지 기능은 처음에 실행되는 데 약간의 시간이 걸리니 조금 기다려 주세요.

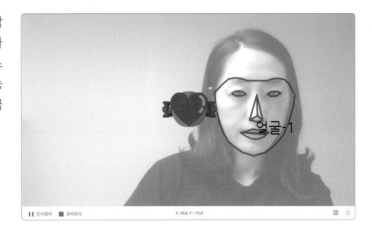

05 '왼쪽 눈' 오브젝트에 [시작] 의 (▶ 시작하기 버튼을 클릭했을 때) 를 추가합니다.

06 [흐름] 의 [계속 반복하기 ◠] 를 조립합니다.

07 [움직임] 의 [x: 0 y: 0 위치로 이동하기] 를 반복하기 블록 안에 조립합니다.

08 [x: 0 y: 0 위치로 이동하기] 블록의 X, Y 좌표 칸에 [인공지능] 의 (1 ▼ 번째 얼굴의 왼쪽 눈 ▼ 의 x ▼ 좌표) 를 각각 끼워 넣습니다. 왼쪽에 끼운 블록은 '왼쪽눈'의 'X' 좌표로, 오른쪽에 끼운 블록은 '왼쪽눈'의 'Y' 좌표로 아래와 같이 변경합니다.

> ▶ 시작하기 버튼을 클릭했을 때
> 계속 반복하기 ◠
>   x: 1 ▼ 번째 얼굴의 왼쪽 눈 ▼ 의 x ▼ 좌표 y: 1 ▼ 번째 얼굴의 왼쪽 눈 ▼ 의 y ▼ 좌표 위치로 이동하기

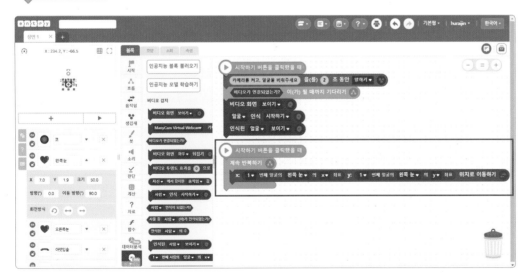

TIP 두 개의 블록이 비슷해요. '얼굴'의 눈, 코, 입의 좌표를 인식하는 블록을 가져와야 합니다.

(1 ▼ 번째 사람의 얼굴 ▼ 의 x ▼ 좌표) (X) (1 ▼ 번째 얼굴의 왼쪽 눈 ▼ 의 x ▼ 좌표) (O)

TIP [▶]을 클릭하여 코드를 실행하면, '왼쪽눈' 오브젝트가 화면에 보이는 내 얼굴의 왼쪽 눈을 따라 이동합니다.

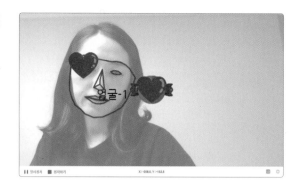

09 '왼쪽눈'에서 방금 만든 코드에 마우스 오른쪽 버튼을 클릭한 후 [코드 복사]를 선택합니다.

10 '오른쪽눈' 오브젝트의 블록 조립소에서 마우스 오른쪽 버튼 클릭한 후 [붙여넣기]를 선택합니다. 같은 방법으로 '코', '윗입술', '아랫입술' 오브젝트에도 한 번씩 [붙여넣기]를 합니다.

11 '오른쪽눈' 오브젝트에 복사하여 붙여넣은 `1▼ 번째 얼굴의 왼쪽 눈▼ 의 x▼ 좌표` 블록의 얼굴 부위를 '오른쪽 눈'으로 변경합니다.

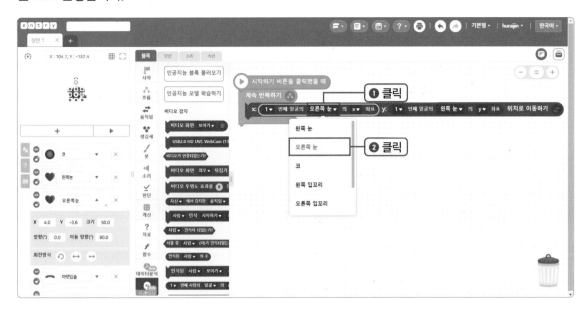

12 `1▼ 번째 얼굴의 왼쪽 눈▼ 의 y▼ 좌표` 블록의 얼굴 부위를 '오른쪽 눈'으로 변경합니다.

13 같은 방법으로 '코' 오브젝트에 복사한 블록에서 두 곳의 얼굴 부위를 '코'로 변경합니다.

14 같은 방법으로 '윗입술' 오브젝트에 복사한 블록에서 얼굴 부위를 '윗 입술'로 변경합니다.

15 같은 방법으로 '아랫입술' 오브젝트에 복사한 블록에서 얼굴 부위를 '아랫입술'로 변경합니다.

TIP [▶]을 클릭하여 코드를 실행하면, 모든 오브젝트가 화면에 인식된 내 얼굴의 눈, 코, 입술을 따라 이동합니다.

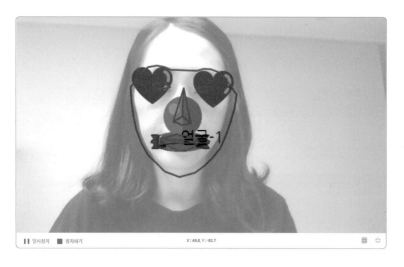

16 작품 이름을 '움직이는 초상화'로 변경하고 작품을 저장합니다.

01 얼굴 인식을 표시해 주는 마스크 모양을 안 보이게 하려면, 인식된 얼굴 보이기 를 인식된 얼굴 숨기기 로 변경해 주세요. 카메라에 촬영된 화면을 안 보이게 하려면 비디오 화면 보이기 블록을 비디오 화면 숨기기 로 변경하면 됩니다.

02 눈, 코, 입술 오브젝트의 모양을 바꾸고 싶은가요? 각 오브젝트의 [모양] 탭에서 [모양 추가하기]를 선택하면 오브젝트에 다른 모양을 추가하여 변경할 수 있어요.

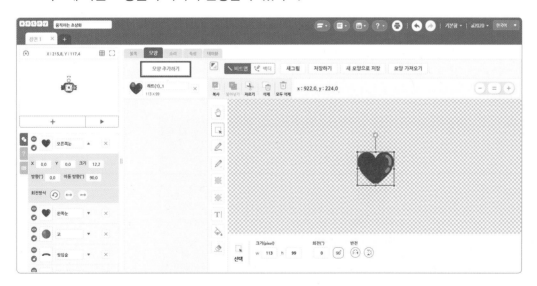

03 눈, 코, 입술을 내가 원하는 모양으로 바꾸어 봅시다.

04 추가한 모양으로 변경하고 오브젝트의 크기를 적당히 조정합니다.

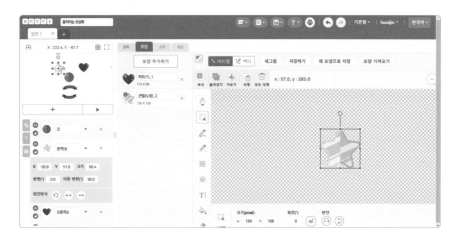

05 변경된 모양으로 초상화 프로그램을 실행해 봅시다.

01 이번 시간에는 얼굴인식 기능으로 얼굴 각 부위의 '위치'를 활용했습니다. 엔트리의 비디오 감지에는 또 다른 어떤 방식의 얼굴 감지 기능이 있는지 찾아보세요.

----

02 인공지능은 비슷하게 생긴 사람이나 쌍둥이를 구별할 수 있을까요?

06 LESSON
'공 튕기기 게임' 만들기

비디오 감지 기능을 좀 더 활용해 볼까요? 엔트리가 카메라에 촬영된 사람의 신체를 어떻게 인식하는지 알아보고, 이를 활용한 재미있는 게임을 만들어 보겠습니다.

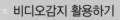

★ 비디오감지 활용하기
★ '사람', '얼굴' 인식의 차이점 알아보기

여러분은 VR(Virtual Reality, 가상현실) 게임이나 동작인식 게임을 해 본적이 있나요? 요즘 게임은 사람의 동작, 자세, 몸짓의 방향까지 인식하여, 컴퓨터에게 다양한 명령을 입력할 수 있습니다.

허공에 손짓이나 몸짓으로 명령을 내려서 컴퓨터를 다루는 모습이 영화에 나오기도 했어요. 우리가 마우스를 사용해서 컴퓨터를 사용하거나 핸드폰의 스크린을 손가락으로 터치하듯이 인공지능이 동작인식 센서를 통해 우리가 하는 손짓과 몸짓 등을 인식하는 것이죠.

동작인식 기술은 사람의 신체구조를 분석하여 관절들의 위치 정보를 파악합니다. 예전에는 사람의 몸에 직접 센서를 달아 측정했지만, 인공지능이 점점 더 똑똑해지면서 카메라로 촬영된 모습으로도 신체의 윤곽이나 부위별 특징을 찾아낼 수 있게 되었어요.

엔트리봇을 움직여서 공 팅기기를 해볼까요?
엔트리봇을 내 얼굴을 따라 이동시켜 공을 헤딩으로 팅겨 보세요.

[▶] 버튼을 눌러 코드가 실행되면 엔트리봇이 안내말을 합니다. 카메라가 인식을 시작하고, 카메라에 감지된 사람의 머리 위치에 따라 오브젝트가 움직입니다.

Spacebar 키를 누르면 공 팅기기가 시작됩니다.

되도록 몸 전체가 나오도록 카메라에서 거리를 두고 촬영이 될 수 있도록 해 주세요.

◆사용할 인공지능

◀ 비디오 감지

인공지능이 카메라로 촬영된 대상을 인식하는 기능입니다.

명령 블록	설명
모든 ▼ 코드 멈추기	프로그램 내에서 실행 중인 모든 코드를 멈추게 합니다.
자신의 ▼ 코드 멈추기	이 블록을 조립한 오브젝트에서 실행 중인 코드를 모두 멈추게 합니다.
이동 방향으로 10 만큼 움직이기	오브젝트를 현재의 이동 방향으로 입력한 수치만큼 이동시킵니다.

명령 블록	설명
화면 끝에 닿으면 튕기기	오브젝트가 움직이다 화면 끝에 닿으면 방향을 180도 바꿉니다.
y좌표를 10 만큼 바꾸기	오브젝트의 Y 좌표를 현재 위치에서 지정한 만큼 바꿉니다.
이동 방향을 90° (으)로 정하기	오브젝트의 이동 방향을 입력한 수치로 정합니다.
이동 방향을 90° 만큼 회전하기	오브젝트의 이동 방향을 현재의 이동 방향에서 지정한 만큼 바꿉니다.
소리 대상 없음▼ 재생하기	지정한 소리를 재생합니다. 소리 재생을 위해서는 [소리] 탭에서 먼저 소리를 추가해야 합니다.
마우스포인터▼ 에 닿았는가?	현재 블록을 조립하고 있는 오브젝트가 선택한 다른 대상에 닿으면 '참'이 되도록 하는 블록입니다.
참 그리고▼ 참 참 또는▼ 거짓	조건 블록에 두 개 이상의 기준을 사용하고 싶을 때 사용합니다. '참'이나 '거짓' 칸에 다른 판단 블록을 끼워 넣을 수 있습니다. '그리고' 블록은 양쪽 조건이 모두 '참'일 때, '또는' 블록은 양쪽 조건 중 하나만 '참'이면 '참'이 됩니다.
점수▼ 를 10 (으)로 정하기	지정한 변수의 값을 입력한 수치로 정합니다.
점수▼ 에 10 만큼 더하기	지정한 변수의 값에 입력한 수치만큼 더합니다.
1▼ 번째 사람의 얼굴▼ 의 x▼ 좌표	인공지능에게 사람 인식을 명령했다면 인식된 사람의 신체 위치를 파악하여 그 좌표를 사용할 수 있습니다.

◆ 새 작품 준비하기

01 엔트리 사이트에서 [만들기] – [작품 만들기]를 선택하거나 엔트리 상단 메뉴에서 [새로 만들기]를 선택합니다.

02 기본 오브젝트인 '엔트리봇'을 삭제합니다.

◆ 오브젝트 준비하기

01 실행 화면 아래의 [+]를 클릭하여 오브젝트 불러오기 창을 엽니다. 다음 오브젝트를 찾아 추가합니다.

종류	이름
엔트리봇	엔트리봇 표정
물건	축구공
배경	운동장

02 '엔트리봇 표정'과 '축구공' 오브젝트의 크기를 '70'으로 변경합니다.

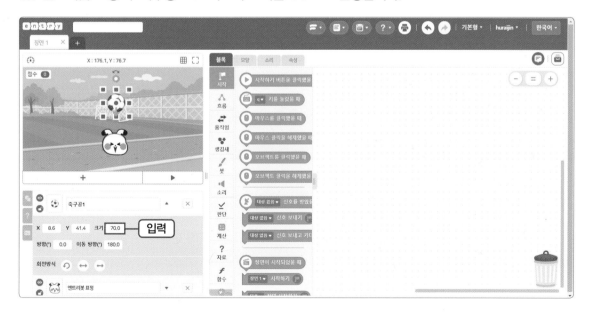

◆ 인공지능 블록 불러오기

01 [인공지능] 블록 꾸러미에서 [인공지능 블록 불러오기]를 선택합니다.

02 [비디오 감지]를 선택하고 [추가]를 클릭합니다.

◆ 블록 코딩하기

◀ 오브젝트 : 엔트리봇 표정

01 '엔트리봇 표정' 오브젝트를 선택하고 [시작] 의 [시작하기 버튼을 클릭했을 때] 를 추가합니다.

02 [흐름] 의 [참 이(가) 될 때까지 기다리기] 를 조립하고, 판단 조건에 [인공지능] 의 [비디오가 연결되었는가?] 를 끼워 넣습니다.

03 [인공지능] 의 [비디오 화면 보이기] , [사람 인식 시작하기] , [인식된 사람 보이기] 를 이어서 조립합니다. 그리고 인식된 사람을 '숨기기'로 변경합니다.

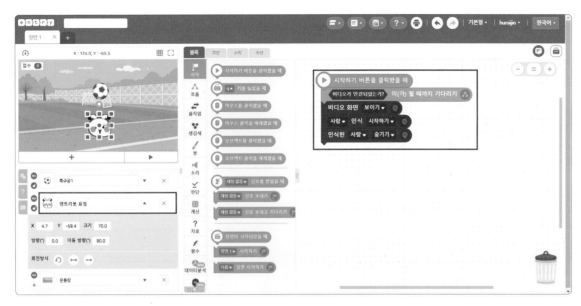

TIP [▶]을 클릭하여 코드를 실행하면 카메라 작동을 확인한 후 사람 인식을 시작하게 됩니다.

04 의 `안녕! 을(를) ④ 초 동안 말하기▼` 를 두 번 이어서 조립합니다. 첫 번째 말하기 내용을 '자, 공 튕기기 놀이를 시작해 볼까'로 입력하고, 두 번째 말하기 내용을 '[Spacebar] 키를 누르면 다시 시작할 수 있어!'로 입력합니다. 시간은 모두 '3초'로 입력합니다.

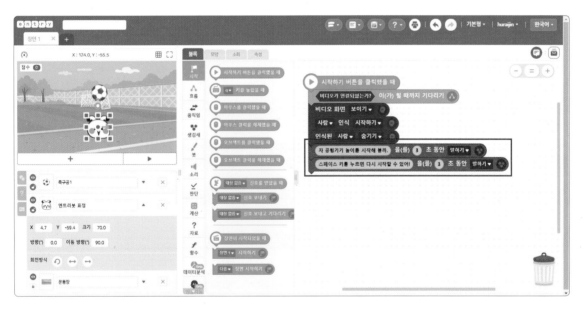

05 의 【계속 반복하기 ∧】 를 조립하고, 움직임 의 【x: 0 y: 0 위치로 이동하기】 를 반복하기 블록 안에 조립합니다.

06 【x: 0 y: 0 위치로 이동하기】 블록의 X, Y 좌표 칸에 인공지능 의 【1▼ 번째 사람의 얼굴▼ 의 x▼ 좌표】 를 각각 끼워 넣습니다. 왼쪽 x좌표에 끼운 블록은 '얼굴'의 'X'좌표로, y좌표에 끼운 블록은 '얼굴'의 'Y'좌표로 변경합니다.

TIP 비디오 감지로 사람 인식을 시작하고, 안내말을 표시한 뒤 오브젝트가 카메라에 인식된 사람의 얼굴을 따라 이동하게 됩니다.

◀ 오브젝트 : 축구공

01 게임 점수로 사용할 변수를 추가하겠습니다. [속성] 탭 – [변수]를 선택합니다.

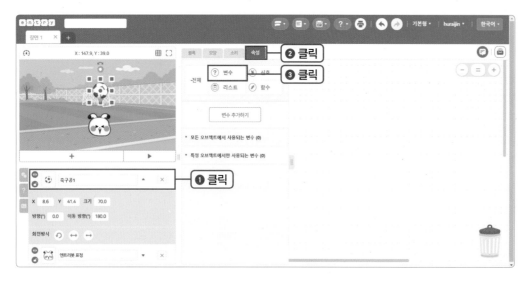

02 [변수 추가하기]를 클릭하고 변수 이름을 '점수'라고 지정합니다. [확인]을 클릭하여 변수를 추가합니다.

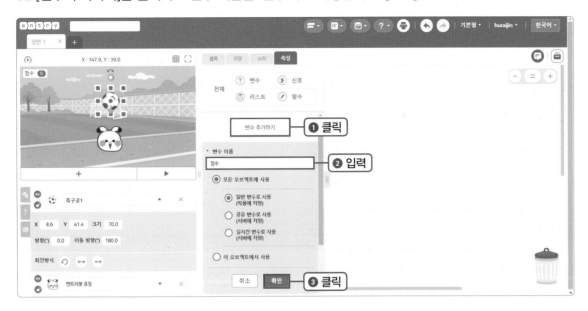

03 의 를 추가하고, '스페이스' 키로 변경합니다.

04 의 를 조립하고, x: '0', y: '80'을 입력합니다.

05 의 를 조립하고, 수치를 '180'으로 변경합니다.

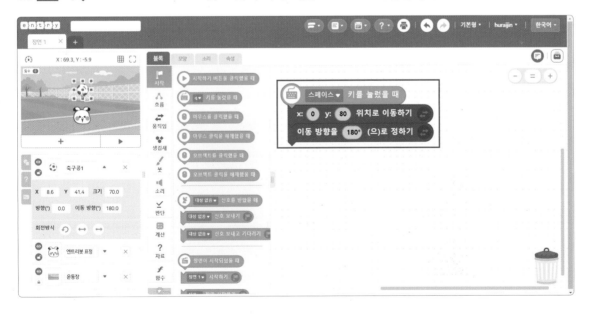

06 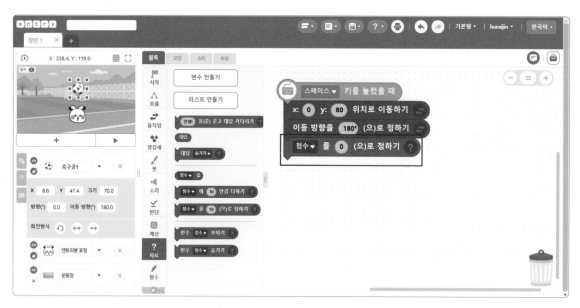 의 점수▼ 를 10 (으)로 정하기 ? 를 조립하고, '0'을 입력합니다.

TIP Spacebar 키를 누르면 공의 위치와 이동 방향을 처음으로 되돌리고, 게임 점수도 '0'부터 다시 시작합니다.

07 흐름 의 계속 반복하기 ∧ 를 조립합니다.

08 움직임 의 이동 방향으로 10 만큼 움직이기 를 조립하고 '5'를 입력합니다.

09 움직임 의 화면 끝에 닿으면 튕기기 를 조립합니다.

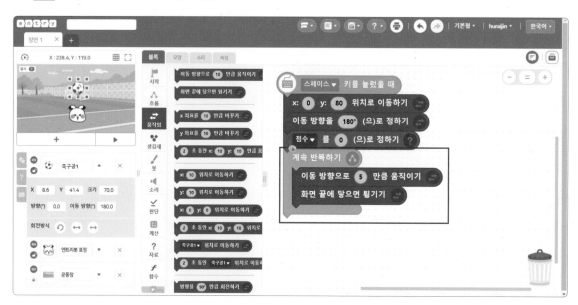

TIP 공이 움직이다가 벽에 닿으면 튕기게 됩니다.

10 흐름 의 ▢ 을 조립하고, 판단 조건에 판단 의 `마우스포인터▼ 에 닿았는가?` 를 끼워 넣습니다. 대상을 '엔트리봇 표정'으로 지정합니다.

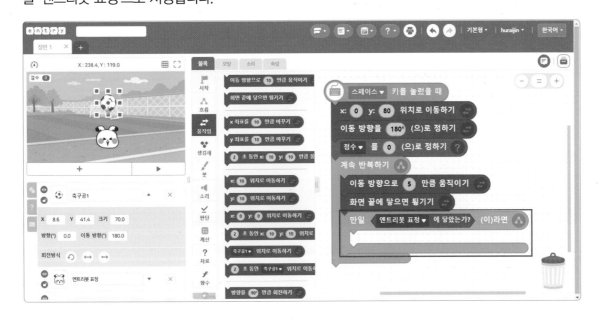

11 작품에 사용될 소리를 추가하겠습니다. [소리] 탭 – [소리 추가하기]를 클릭합니다.

12 [소리 추가하기] 화면이 나오면, '위험 경고'와 '기합' 소리를 찾아 선택하고 [추가]를 클릭합니다.

13 소리가 추가된 것을 확인하고, 다시 [블록] 탭으로 돌아갑니다.

14 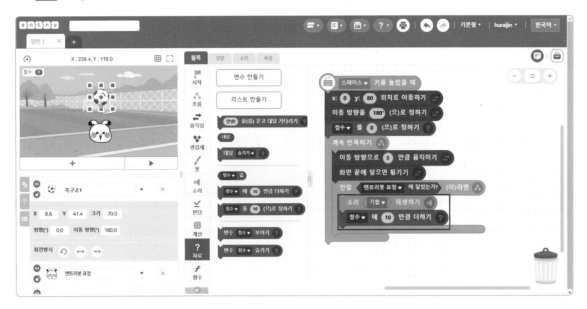 의 소리 기합▼ 재생하기 를 조립합니다.

15 의 점수▼ 에 10 만큼 더하기 를 조립합니다.

16 의 이동 방향을 90° 만큼 회전하기 를 조립합니다. 수치 입력 칸에 의 0 부터 10 사이의 무작위 수 를 끼워 넣고, '160'과 '200'을 입력합니다.

17 의 y 좌표를 10 만큼 바꾸기 를 조립하고 '30'을 입력합니다.

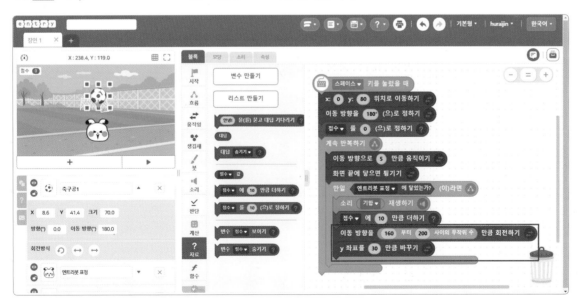

TIP 공이 엔트리봇에 닿으면 기합소리가 나고 점수가 10점씩 올라갑니다. 또 공이 약간 위로 튀어 오르면서 반대쪽으로 방향을 바꿉니다. 무작위의 수를 사용해서 공의 방향이 매번 달라지도록 합니다.

18 조건문 아래로 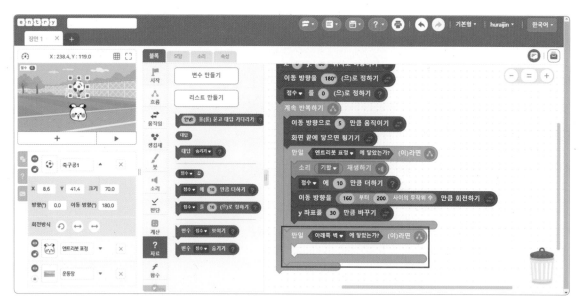 의 의 을 조립하고, 판단 조건에 의 마우스포인터▼ 에 닿았는가? 를 끼워 넣습니다. 대상을 '아래쪽 벽'으로 정합니다.

19 의 소리 기림 ▼ 재생하기 를 조립합니다. 재생할 소리를 '위험 경고'로 정합니다.

20 의 모든 ▼ 코드 멈추기 를 조립하고, 대상을 '자신의'로 바꿉니다.

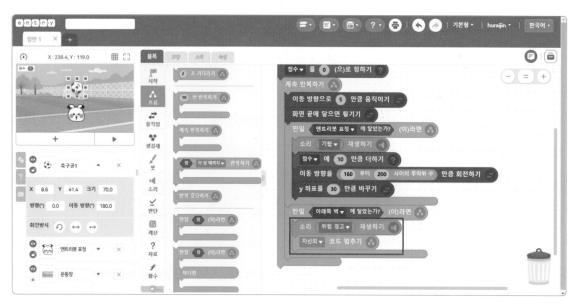

TIP 공이 아래쪽 벽에 닿으면 위험경고 소리를 재생하고, 이 오브젝트의 코드를 멈춥니다.

21 작품 이름을 '공 팅기기 게임'으로 변경하고 작품을 저장합니다.

01 비디오 감지 기능이 카메라로 촬영된 화면에서 우리의 '얼굴'만 감지할 수 있는 것은 아닙니다. '글러브' 오브젝트를 추가하여 '손목'을 따라 움직이도록 해 보세요.

'글러브' 오브젝트에는 '엔트리봇 표정' 오브젝트의 코드를 모두 복제하여 그대로 붙여 넣으세요. 복제한 코드 중에서 인공지능이 감지할 신체 부위를 다음과 같이 '얼굴'에서 '오른쪽 손목'으로 변경하세요.

02 비디오 감지 기능은 동시에 여러 신체 부위의 위치도 감지할 수 있습니다. 얼굴과 손목을 모두 감지하여 신체의 두 부위를 사용해 공을 튕길 수는 없을까요? '축구공' 오브젝트에서 〈 참 〉 또는▼ 〈 거짓 〉 블록을 사용하여 공이 튕겨지는 조건을 다음과 같이 변경하면 얼굴과 손목 두 부분을 이용해서 공을 튕길 수 있게 됩니다.

만일 〈 엔트리봇 표정▼ 에 닿았는가? 〉 또는▼ 〈 글러브▼ 에 닿았는가? 〉 (이)라면
　소리 〈 기합▼ 〉 재생하기
　점수▼ 에 10 만큼 더하기
　이동 방향을 160 부터 200 사이의 무작위 수 만큼 회전하기
　y 좌표를 30 만큼 바꾸기

01 인공지능이 사람의 동작을 인식하는 기능을 이용하여 어떤 것들을 만들 수 있을까요?

02 반대로 인공지능이 우리가 원하는 목적에 맞는 동작을 표현하거나 창작해 줄 수는 없을까요?

인공지능, 내 기분 알겠니?

인공지능을 직접 공부시켜 볼까요? 엔트리 인공지능의 '학습 모델'에 대해 알아보고, 직접 만든 인공지능을 사용해 문장으로 감정을 분석해 주는 프로그램을 만들어 보겠습니다.

★ 인공지능의 학습방식 알아보기
★ 텍스트 학습 모델 만들기

인공지능이 여러 종류의 데이터를 학습하면서 점점 똑똑해진다고 했죠? 우리가 공부하는 방법이 서로 다르듯이, 인공지능이 공부하는 방법도 한 가지만 있는 것은 아닙니다.

아래 그림과 같이 데이터를 모아서 분류한 뒤에, 기준에 따라 이름표를 붙여서 공부시키는 방법을 '지도학습'이라고 합니다. 인공지능은 이름표에 따라 분류된 데이터를 분석한 후 새로운 데이터가 들어오면 어느 이름표의 분류로 넣어야 할지 판단합니다.

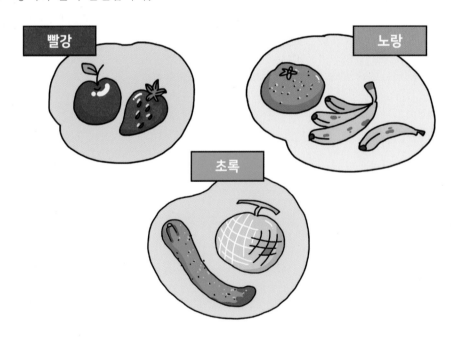

미리 이름표를 붙이지 않는 방법도 있습니다. 데이터를 먼저 쌓아놓고, 인공지능에게 그 데이터들 사이의 차이점을 찾아서 스스로 분류하도록 하는 방식입니다. 이 방법을 '비지도 학습'이라고 합니다. 사람이 알아차리지 못한 차이점과 분류 기준을 찾아내기도 하지요.

인공지능에게 먼저 학습과 분석을 시킨 뒤에 목적에 맞는 결과가 나왔을 경우에만 칭찬이나 보상을 해 주는 방법도 있습니다. 인공지능은 칭찬을 들은 방식으로 더 발전하게 되는 거죠. 이런 방식을 '강화학습'이라고 합니다.

인공지능에게 목적에 맞게 데이터를 공부시키고, 나름의 분석 방식을 만드는 것을 '기계에게 학습을 시킨다'는 의미로 '머신(Machine) 러닝(Learning)'이라고 합니다. 이 중에서 엔트리의 인공지능 기능이 주로 사용하는 학습 방식은 '지도 학습'이에요.

머신 러닝보다 더 발전된 형태의 학습 방식으로는 '딥 러닝'이라는 것도 있습니다. 이 방식은 심지어 인공지능에게 데이터를 주지 않아도 알아서 데이터를 수집하기도 해요.

인공지능이 데이터를 통해 학습하여 만들어진 판단 기준을 '학습 모델'이라고 부릅니다. 지금까지 같이 만들어본 작품들은 엔트리가 미리 인공지능에게 공부시켜 둔 학습 모델을 사용한 것입니다. 하지만 인공지능을 좀 더 자유롭게 활용하기 위해서는 우리가 직접 데이터를 인공지능에게 학습시킬 수 있어야 해요. 그럼 엔트리에서 가장 많이 사용하는 '지도 학습'으로 학습 모델을 만드는 과정을 알아볼까요?

먼저 어떤 데이터를 모으고, 그 데이터를 어떤 기준으로 나눌지를 결정합니다. 분류한 데이터를 컴퓨터에게 입력합니다.

굉장히 단순해 보일 수도 있지만, 머신 러닝에서는 반드시 필요한 과정입니다. 인공지능을 더 똑똑하게 만들기 위해서 수많은 사람들이 단순 작업을 반복하는 모습이 마치 인공지능이 사람에게 일을 시키는 것처럼 보일 수도 있어요.

하지만 인공지능에게 어떤 일을 시킬 것인지, 그 일을 위해서 어떤 데이터를 학습시키는지를 결정하는 것은 결국 우리 인간이라는 것이 중요합니다. 우리가 인공지능에 대해서 공부해야 하는 이유이기도 하지요.

데이터를 모았다면, 그 데이터를 인공지능에게 '학습'시킵니다. 데이터의 양과 종류에 따라 학습에는 많은 시간이 걸리기도 합니다. 엔트리 인공지능 기능에서 학습시킬 수 있는 데이터는 '텍스트', '이미지', '소리', '숫자' 등이 있는데요. 그 중에서 '텍스트'와 '이미지'를 만들어 보겠습니다.

학습이 완료되면 하나의 머신 러닝 학습 모델이 만들어지게 됩니다. 이 모델을 활용해서 여러 가지 코드를 작성하고, 소프트웨어를 만들게 됩니다.

〈머신 러닝 학습의 과정〉

이번 시간에는 인공지능에게 여러 가지 말을 입력해서 학습시킨 다음, 듣기 좋은 말과 나쁜 말을 분석하는 프로그램을 만들어 보겠습니다.

작품 미리보기

인공지능에게 말을 입력하면, 감정을 분석해서 좋은 말과 나쁜 말을 구별하여 대답합니다.

[▶] 버튼을 눌러 코드가 실행되면, 소녀가 하고 싶은 말을 물어보고, 말을 입력할 수 있습니다.

◆사용할 인공지능

◀ 분류 : 텍스트

인공지능이 문자 데이터로 학습한 모델을 활용합니다.

입력한 말의 내용에 따라 기분이 좋은 말인지, 나쁜 말인지 표시됩니다.

블록 알아보기

명령 블록	설명
계속 반복하기	블록 안으로 조립된 블록들을 계속해서 반복하게 합니다.
얼굴(이)_놀란 ▼ 모양으로 바꾸기	오브젝트의 모양을 지정한 모양으로 바꿉니다.
안녕! 을(를) 묻고 대답 기다리기	질문을 출력하고, 키보드로 대답을 입력할 수 있습니다.
대답	묻고 대답 기다리기로 입력한 내용이 이 변수에 저장됩니다.
엔트리 을(를) 학습한 모델로 분류하기	입력하거나 끼워 넣은 문자 데이터를 학습 모델로 분석하여 분류합니다.
분류 결과가 좋은말 ▼ 인가?	학습 모델의 분류 결과가 어느 클래스인지를 조건 블록의 판단 기준으로 사용할 수 있습니다.

◆ 새 작품 준비하기

01 엔트리 사이트에서 [만들기] – [작품 만들기]를 선택하거나, 엔트리 상단 메뉴에서
[새로 만들기]를 선택합니다.

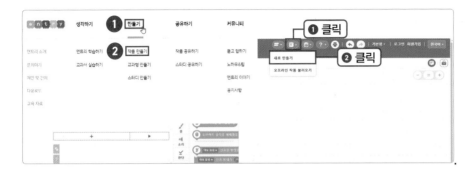

02 기본 오브젝트인 '엔트리봇'을 삭제합니다.

◆ 오브젝트 준비하기

01 실행 화면 아래의 [+]를 클릭하여 오브젝트 불러오기 창을 엽니다. 아래의 오브젝트를 찾아 추가합니다.

종류	이름
사람	얼굴(여)
배경	단색 배경

02 '얼굴(여)' 오브젝트의 크기를 '150'으로 변경합니다.

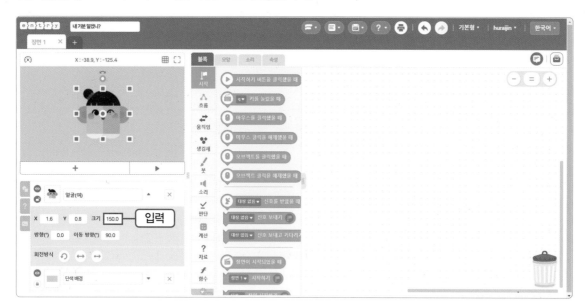

◆ 학습 모델 만들기

01  블록 꾸러미에서에서 [인공지능 모델 학습하기]를 클릭합니다.

02 [새로 만들기]에서 [분류: 텍스트]를 선택하고, [학습하기]를 선택합니다.

03 텍스트 학습 모델 만들기 화면이 나오면, 먼저 학습 모델의 이름을 지정합니다. '내 기분 알겠니?'라고 이름을 변경합니다.

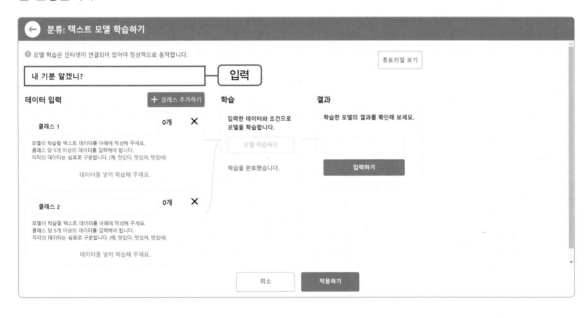

04 [데이터 입력]에서 [클래스1] 과 [클래스2] 의 이름을 지정합니다. '클래스'란 엔트리 인공지능이 데이터를 분류하는 방과 같습니다. 클래스 이름 부분을 클릭하면 변경할 수 있습니다. [클래스1]의 이름을 '좋은말'로, [클래스2]의 이름을 '나쁜말'로 변경합니다.

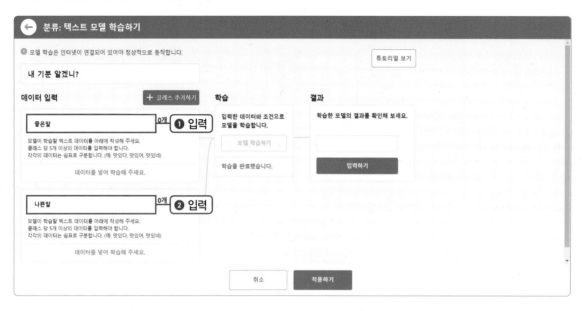

05 이제 데이터를 입력해 보겠습니다. '좋은말' 클래스에 여러분이 들으면 기분이 좋아지는 말을 적어 보세요. 하나의 데이터를 입력할 때마다 ,(쉼표)로 구분해 주면 됩니다. 최소 다섯 개를 입력하면 되지만, 되도록 많은 데이터를 입력해야 더 똑똑한 인공지능이 만들어집니다.

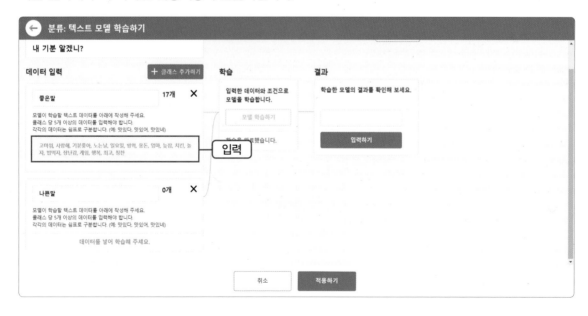

06 두 번째 '나쁜말' 클래스에도 같은 방식으로, 들으면 기분이 안 좋아지는 말을 입력해 보세요. 역시 데이터 수가 많을수록 좋으며, 데이터의 수는 '좋은말' 클래스와 비슷하게 해 주세요.

07 데이터 입력을 다 했다면, 오른쪽의 [모델 학습하기]를 클릭하여 인공지능에게 학습을 시킵니다. 학습에는 약간의 시간이 걸립니다.

08 학습이 완료되면 오른쪽의 [결과]에서 테스트를 해 볼 수 있습니다. 입력 칸에 말을 입력해서 학습 모델이 우리가 의도한 대로 잘 분석하는지 확인해 보세요. 학습 데이터로 넣은 말과 똑같은 말이 아닌, 조금 다른 말로 테스트 해 보세요.

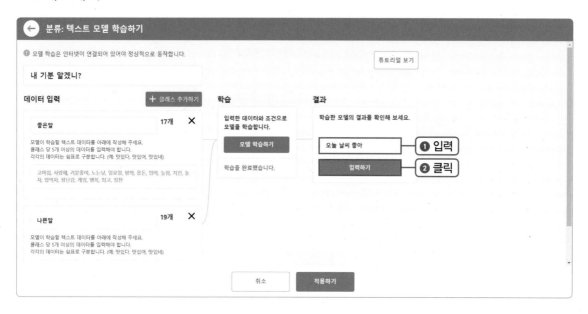

09 테스트를 해 보면 입력한 내용이 어느 클래스에 얼마나 정확히 해당되는지 알려줍니다. 결과가 부정확하면 데이터 입력으로 돌아가 데이터를 수정하거나 더 많은 데이터를 추가할 수 있습니다. 데이터를 추가했다면 반드시 [모델 학습하기]를 다시 클릭해서 다시 학습을 시켜야 합니다.

10 테스트까지 완료했다면, 아래의 [적용하기]를 클릭하여 학습 모델 만들기를 완료합니다. 이제 학습 모델이 저장되고, 작품에서 이 학습 모델을 사용할 수 있게 됩니다.

11 학습 모델은 한 번 만들어 두면, 다른 작품에서도 사용할 수 있습니다. [학습할 모델 선택하기]에서 [나의 모델]을 선택하면 이미 만들어 둔 학습 모델을 선택할 수 있습니다.

12 보관할 수 있는 학습 모델에는 제한이 없지만, 선택할 수 있는 학습 모델은 최대 다섯 개입니다. 오른쪽의 '비활성화 모델 함께 보기'를 선택하면 그동안 만든 학습 모델을 모두 볼 수 있습니다. 각각의 모델 아이콘의 왼쪽 체크박스를 선택하면 선택할 수 있는 모델로 활성화되고, 체크를 해제하면 비활성화됩니다. 아이콘 오른쪽의 X를 누르면 그 학습 모델을 완전히 삭제할 수 있습니다. 학습 모델은 계속해서 데이터를 추가하여 발전시킬 수 있습니다.

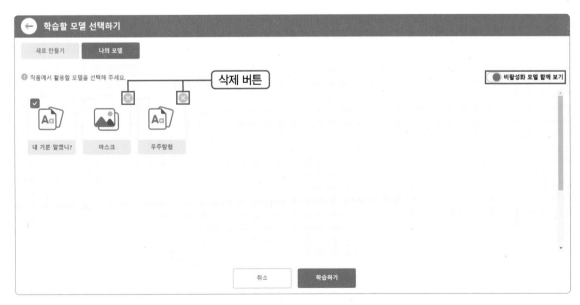

◆ 블록 코딩하기

◀ 오브젝트 : 얼굴(여)

01 [시작]의 (▶ 시작하기 버튼을 클릭했을 때) 를 추가합니다.

02 [흐름]의 [계속 반복하기 ∧] 를 조립합니다.

03 [생김새]의 (얼굴(여)_놀란 ▼ 모양으로 바꾸기) 를 조립합니다.

04 [자료]의 (안녕! 을(를) 묻고 대답 기다리기 ?) 를 조립하고, 내용에 '하고 싶은 말이 뭐니?'를 입력합니다.

05 [인공지능]의 (엔트리 을(를) 학습한 모델로 분류하기) 를 조립하고, [자료]의 (대답) 을 끼워 넣습니다.

TIP [▶]을 클릭하여 코드를 실행하면 얼굴을 기본 모양으로 바꾸고, 하고 싶은 말을 질문합니다. 대답을 입력하면 그 내용을 학습 모델로 분석합니다.

06 🔺 의 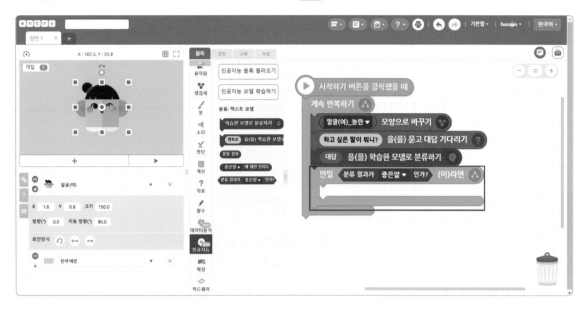 을 조립하고, 판단 조건에 🔵 의 〈분류 결과가 좋은말▼ 인가?〉 를 끼워 넣습니다.

07 🔷 의 〈얼굴(여)_놀란▼ 모양으로 바꾸기 🔷〉 를 조립하고, 바꿀 모양을 '얼굴(여)_웃는'으로 변경합니다.

08 🔷 의 〈안녕! 을(를) 말하기 🔷〉 를 조립하고, 내용에 '기분 좋은 말이네.'를 입력합니다.

09 조건 블록을 복사하기 위해 마우스 오른쪽 버튼을 클릭하고 [코드 복사 & 붙여넣기]를 선택하여 복사합니다.

10 복제된 블록을 아래로 이어서 조립합니다.

11 복사한 블록에서 분류 결과를 '나쁜말'로, 바꿀 모양을 '얼굴(여)_우는'으로 변경합니다. 말하기 내용을 '어떻게 그런 말을...ㅠㅠ'로 변경합니다.

TIP 분석 결과가 학습 모델의 클래스 '좋은말'인가, '나쁜말'인가에 따라 얼굴 모양과 말을 다르게 표시합니다.

12 조건 블록 아래로 [초품]의 [2 초 기다리기 ∧]를 조립합니다.

TIP 결과를 2초 동안 표시해 준 후, 다시 처음으로 돌아가기를 반복하게 됩니다.

13 작품 이름을 '내 기분 알겠니?'로 변경하여 저장합니다.

01 이번 작품에서는 데이터를 분류하는 클래스를 두 개 사용했습니다. 오브젝트 중에서 지난 시간에 사용했던 '엔트리봇 표정' 오브젝트는 더 많은 여섯 개의 얼굴 모양을 갖고 있는데요. 이 오브젝트를 활용해서 더 다양한 감정을 분석하는 프로그램을 만들어 봅시다. 물론 더 많은 데이터와 클래스가 필요하겠죠?

❶ 원래 있던 '얼굴(여)' 오브젝트는 오브젝트 리스트에서 이름 왼쪽의 눈 아이콘을 눌러 잠시 가려둡니다.

❷ 오브젝트 추가하기로 '엔트리봇 표정' 오브젝트를 추가하고, 크기를 조금 크게 변경합니다. 탭 메뉴의 [모양]에서 마지막의 '엔트리봇 표정_기본'을 기본 모양으로 두고, 나머지 다섯 개의 모양에 해당하는 클래스를 만들어 봅시다.

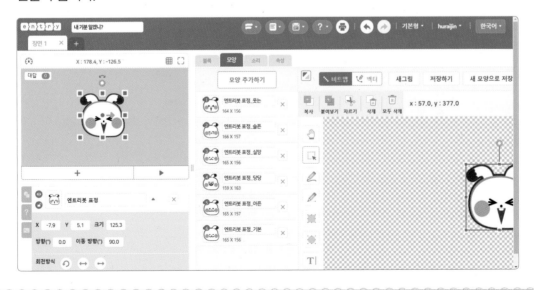

❸ [학습할 모델 선택하기]에서 [새로 만들기] – [분류: 텍스트]를 선택해서 또 다른 학습 모델을 만들어 봅시다.

❹ '내 기분 알겠니?2'로 학습 모델 이름을 변경하고, [+ 클래스 추가하기]를 네 개 더 추가하여 모두 여섯 개를 만듭니다. 클래스 이름은 '웃음', '슬픈', '실망', '당당', '아픈'으로 지정합니다. 각각의 클래스에 어울리는 말들을 데이터로 추가합니다. 데이터를 모두 추가했다면 [모델 학습하기]로 학습시키는 것을 잊지 마세요!

02 '엔트리봇 표정' 오브젝트에 아래와 같이 블록을 만듭니다. '얼굴(여)' 오브젝트의 블록을 복제해서 수정해도 좋습니다.

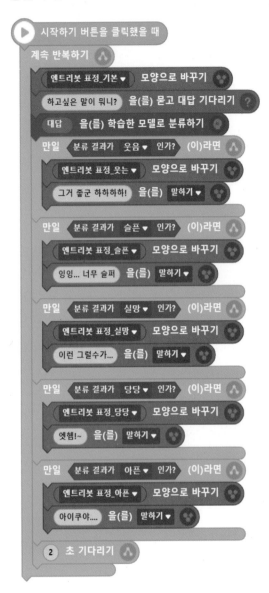

01 사람마다 듣기 좋은 말, 나쁜 말은 모두 다를 수 있습니다. 또, 한쪽 클래스의 데이터 수가 다른 클래스보다 훨씬 많거나 적을 수도 있습니다. 이런 차이로 인해서 학습에 사용될 데이터가 불균형하게 되면 데이터가 '편향' 되었다고 합니다.

편향된 데이터를 학습한 인공지능은 어떤 문제를 일으킬까요? 또 데이터 편향을 줄이기 위해서는 어떻게 해야 할까요?

이미지 인식 분리수거

08 LESSON

인공지능에게 그림이나 사진을 공부시키려면 어떻게 해야 할까요? 이미지를 인식하여 재활용품 분류를 돕는 분리수거 프로그램을 만들어 보겠습니다.

- 이미지 데이터 학습방법 알아보기
- 이미지 학습 모델 만들기

우리는 5~6단원에서 인공지능이 카메라로 촬영된 화면을 통해 얼굴이나 신체 부위를 감지하는 것을 보았습니다. 이 기능들은 엔트리에서 미리 수많은 얼굴이나 사람의 사진을 인공지능에게 학습시킨 결과이지요.

이미지란 사진이나 그림과 같은 시각 정보를 의미합니다. 사람은 눈에 보이는 전체를 그대로 인식하지만, 사실 기계는 보이는 장면을 수많은 사각형 픽셀로 나누어 그 하나하나의 색상이나 크기를 숫자 정보로 바꿔 기억합니다. 그래서 컴퓨터에게 사진을 기억시키려면 굉장히 많은 숫자를 저장해야 합니다.

▲ 사람의 눈은 사물 전체를 그대로 인식 합니다.

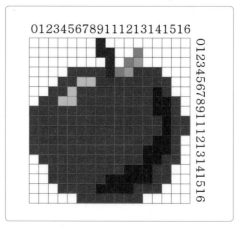

▲ 컴퓨터의 눈은 이미지를 픽셀로 나누어 각 부분을 숫자로 인식합니다.

이미지 데이터는 인공지능에서 굉장히 많이 사용됩니다. 일일이 입력할 필요 없이 카메라로 촬영한 화면을 그대로 입력하면 되니까요. 이미지로 촬영된 장면을 다시 문자나 숫자로 변환하여 컴퓨터에게 기억시킬 수도 있습니다.

'자율 주행 자동차'에 대해 들어본 적이 있나요? 사람이 직접 운전하지 않아도 자동차가 스스로 목적지까지 이동하도록 하는 자율 주행 기술에도 이런 이미지 인식 기술이 사용됩니다. 카메라에 촬영된 내용으로 주변 차나 장애물과의 거리, 표지판, 신호등, 지나가는 사람 등을 인식하여 판단하게 되죠. 물론 자율 주행 기술은 이미지 말고도, 소리, 밝기, 온도 등 수많은 종류의 데이터를 사용하지만, 사람이 인식하는 것과 가장 가까운 의미를 인공지능에게 전달할 수 있는 이미지는 중요한 데이터입니다.

이번 시간에는 책의 뒤쪽 부록에 수록된 다양한 이미지 데이터들을 사용하여 여러 가지 재활용 품목을 입력시켜 인공지능에게 학습시키고, 새로운 이미지를 보여주면 알맞은 분리수거 항목을 알려주는 프로그램을 만들어 보겠습니다.

작품 미리보기 인공지능에게 재활용품의 이미지를 보여주면, 어떤 재활용품인지를 판독해서 알려줍니다.

[▶] 버튼을 눌러 코드가 실행되면, 엔트리봇이 안내말을 합니다.

Spacebar 키를 누르면 이미지 데이터를 입력할 수 있습니다. '촬영' 방식을 선택합니다.

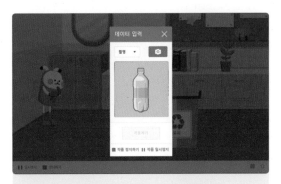

이미지 데이터를 카메라에 비춰 입력합니다.

인공지능이 입력한 이미지를 분석하여 분리수거 항목을 알려줍니다.

◆**사용할 인공지능**

◀ 분류 : 이미지

인공지능이 이미지 데이터로 학습한 모델을 활용합니다.

그림 준비하기

<부록>에 첨부된 재활용품 그림을 잘라 준비합니다. 종이, 플라스틱, 캔, 유리 네 종류를 분리해서 준비하세요.

블록 알아보기

명령 블록	설명
대상 없음 ▼ 신호를 받았을 때	신호를 받아 코드를 시작합니다.
대상 없음 ▼ 신호 보내기	다른 코드가 신호를 받아 명령을 시작하도록 신호를 보냅니다.
분리수거함_종이 ▼ 모양으로 바꾸기	오브젝트의 모양을 지정한 모양으로 변경합니다.
학습한 모델로 분류하기	파일을 업로드 하거나 카메라로 촬영한 데이터를 학습 모델로 분류하도록 합니다.
분류 결과	학습 모델이 분류한 데이터가 어느 클래스인지 이 블록에 저장됩니다.
분류 결과가 종이 ▼ 인가?	조건 블록에 끼워서 학습 모델로 분류한 결과가 어느 클래스인지를 판단합니다.

◆ 새 작품 준비하기

01 엔트리 사이트에서 [만들기] – [작품 만들기]를 선택하거나, 엔트리 상단 메뉴에서
[새로 만들기]를 선택합니다.

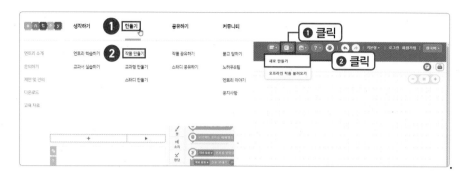

02 기본 오브젝트인 '엔트리봇'을 삭제합니다.

◆ 오브젝트 준비하기

01 실행 화면 아래의 [+]를 클릭하여 오브젝트 불러오기 창을 엽니다. 아래의 오브젝트를 찾아 추가합니다.

종류	이름
엔트리봇	궁금한 엔트리봇
물건	분리수거함
배경	교실 뒤(1)

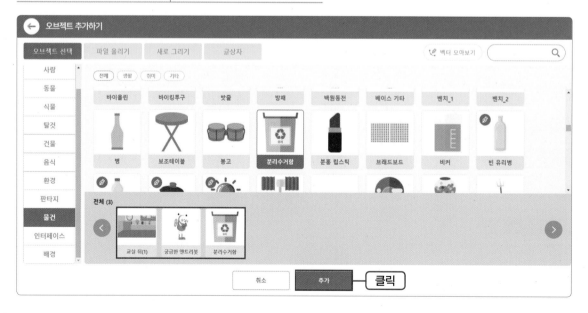

◆ 인공지능 모델 학습하기

01 블록 꾸러미에서에서 [인공지능 모델 학습하기]를 클릭합니다.

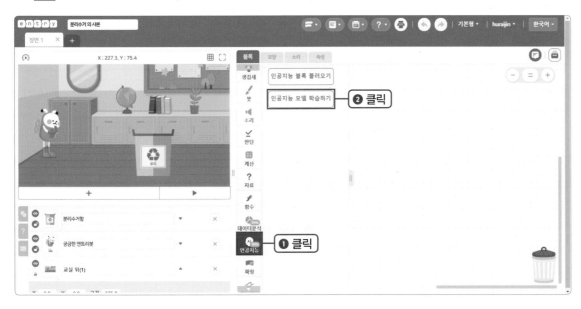

02 [새로 만들기]에서 [분류: 이미지]를 선택하고 [학습하기]를 클릭합니다.

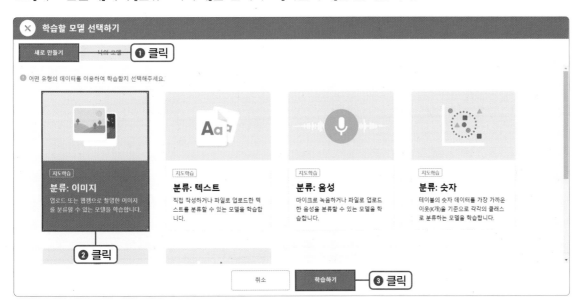

03 이미지 학습 모델 만들기 화면이 나오면, 먼저 학습 모델의 이름을 '분리수거'라고 변경합니다.

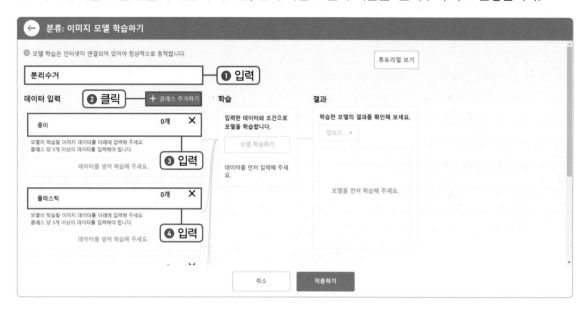

04 [+ 클래스 추가하기]로 클래스를 두 개 더 추가하고, 클래스 이름을 '종이', '플라스틱', '캔', '유리'로 변경합니다.

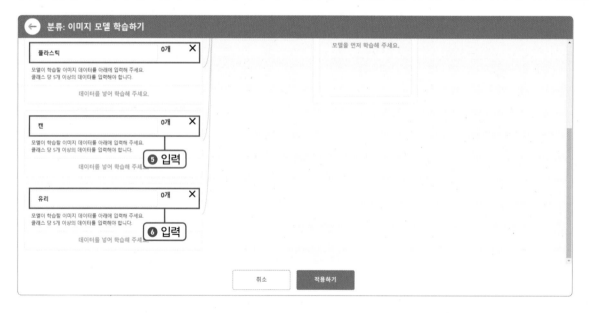

05 이제 데이터를 입력하겠습니다. '종이' 클래스의 [업로드]를 [촬영]으로 변경합니다.

06 카메라가 켜지고 촬영이 시작되면, 준비된 이미지 데이터 중에서 '종이'에 해당되는 그림을 카메라에 잘 보이도록 하고 아래의 카메라 아이콘을 클릭합니다. 촬영된 이미지가 데이터로 추가됩니다.

07 다른 '종이' 이미지 데이터를 촬영하여 최소 다섯 개 이상의 데이터를 추가합니다.

08 같은 방식으로 '플라스틱', '캔', '유리' 클래스에 그림을 촬영하여 이미지 데이터를 추가합니다.

09 그림은 종류별로 12개씩 준비가 되어 있지만, 이 중에서 8~10개만 학습 데이터로 추가하고, 나머지 그림은 '검증용' 데이터로 남겨두세요.

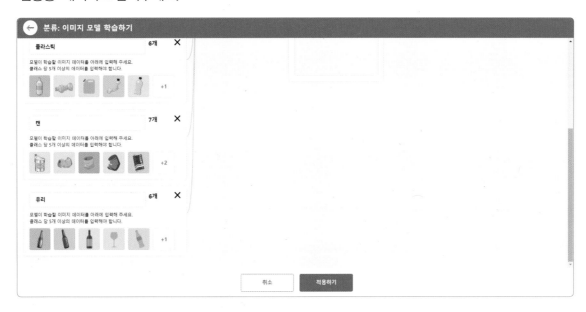

10 데이터를 모두 추가했다면, [모델 학습하기]를 클릭하여 학습을 시작합니다. 이미지 데이터는 학습 시간이 조금 오래 걸릴 수 있으니 기다려 주세요.

11 '학습을 완료했습니다' 메시지가 나오면, 오른쪽의 '결과'에서 [업로드]를 [촬영]으로 변경하여 테스트를 해 봅니다. 카메라가 켜지고 촬영이 시작되면 학습 데이터로 넣지 않은 나머지 그림을 비추어 테스트해 봅니다.

12 테스트를 완료하고, 아래의 [적용하기]를 클릭합니다. 학습 모델은 한 번 만들어 두면, 다른 작품에서도 사용할 수 있습니다. [모델 학습하기]에서, [나의 모델]을 선택하면 이미 만들어 둔 학습 모델을 선택할 수 있습니다.

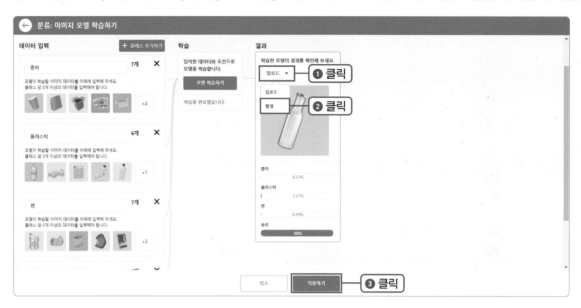

◆ 블록 코딩하기

◀ 오브젝트 : 궁금한 엔트리봇

01 [시작] 의 (▶ 시작하기 버튼을 클릭했을 때) 를 추가합니다.

02  의 `안녕! 을(를) 4 초 동안 말하기▼` 를 조립하고, 내용에 '`Spacebar` 키를 누르고 재활용품 이미지를 입력해줘!' 를 입력합니다. 말하기 시간을 '2초'로 변경합니다.

TIP [▶]을 클릭하여 코드를 실행하면, 2초 동안 안내말을 표시합니다.

03 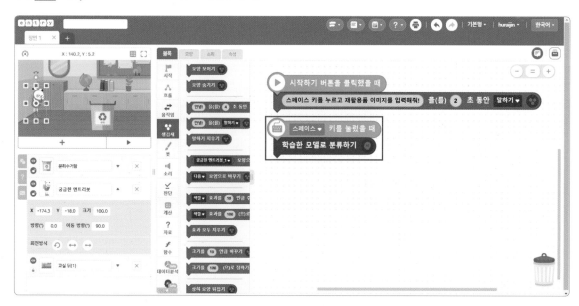 의 `q▼ 키를 눌렀을 때` 를 추가하고, '스페이스'로 변경합니다.

04 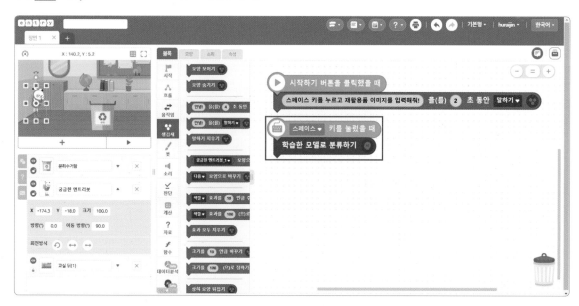 의 `학습한 모델로 분류하기` 를 조립합니다.

TIP `Spacebar` 키를 누르면, 이미지 데이터를 입력하여 학습 모델로 분류시킵니다.

05 신호를 추가합니다. [속성] 탭에서 [신호 추가하기]를 클릭합니다.

06 '분리수거 시작'이라고 이름을 지정하고 [확인]을 클릭합니다.

07 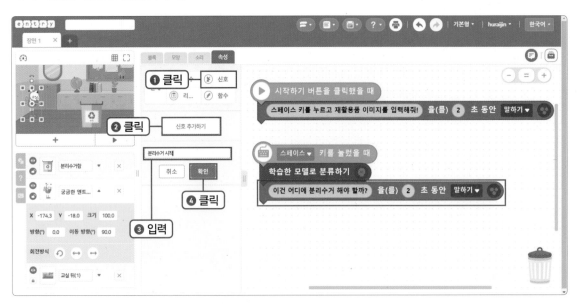 의 `안녕! 을(를) 4 초 동안 말하기▼` 를 조립하고, 내용에 '이건 어디에 분리수거 해야 할까?'를 입력합니다. 말하기 시간을 '2초'로 변경합니다.

08 의 `분리수거 시작▼ 신호 보내기` 를 조립합니다.

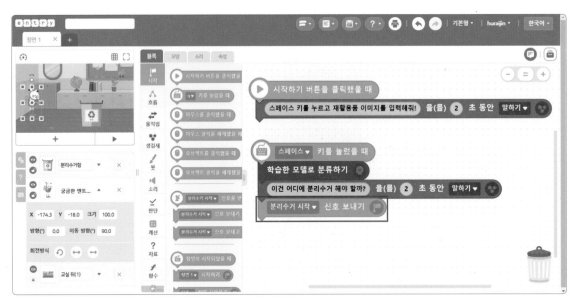

TIP 이미지 데이터를 입력하면 2초 동안 질문을 한 후에 다른 블록으로 신호를 보냅니다.

◀ 오브젝트 : 분리수거함

01 [시작] 의 (분리수거 시작 ▼ 신호를 받았을 때) 를 추가합니다.

02 [흐름] 의 (만일 참 (이)라면) 을 조립하고, 판단 조건에 [인공지능] 의 (분류 결과가 종이 ▼ 인가?) 를 끼워 넣습니다.

03 조건 블록 안으로 [생김새] 의 (분리수거함_종이 ▼ 모양으로 바꾸기) 를 조립합니다.

04 (안녕! 을(를) 4 초 동안 말하기 ▼) 를 조립하고, 내용에 '그건 종이에요!'를 입력합니다. 말하기 시간을 '2초'로 변경합니다.

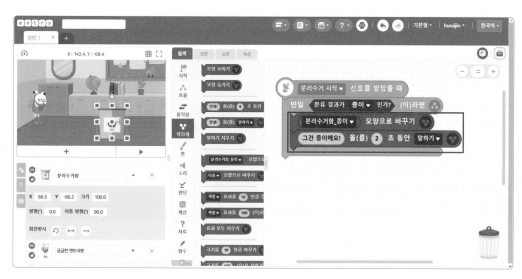

TIP 이미지 데이터의 인식 결과가 '종이'라면, 그에 맞게 오브젝트 모양을 바꾸고 분류 결과를 말해 줍니다.

05 조건 블록을 마우스 오른쪽 버튼으로 클릭하여 [코드 복사 & 붙여넣기]를 선택합니다. 세 번 반복하여 모두 네 개의 조건문을 조립합니다.

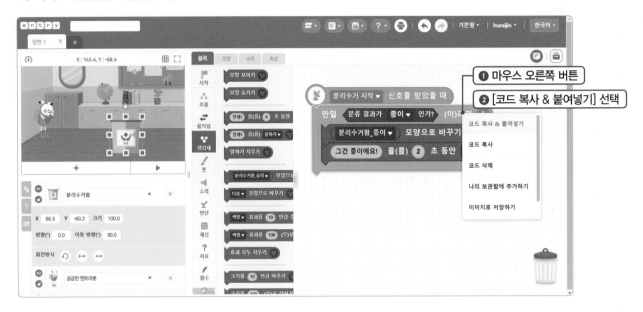

06 복사한 각 조건문의 판단 조건과 바꿀 모양, 말하기 내용을 아래와 같이 변경합니다.

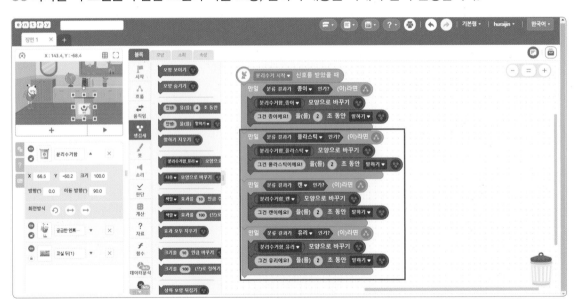

TIP 엔트리봇에서 '분리수거 시작' 신호를 보내면, 분리수거함이 인공지능의 분석 결과에 따라 모양을 바꾸고, 분리수거 항목을 말해줍니다.

07 작품 이름을 '분리수거'로 변경하고 저장합니다.

01 이미지 데이터를 입력하는 방법에는 카메라로 촬영하는 방식과 '파일 업로드' 방식이 있습니다. 검색을 통해 이미지 파일을 수집하여 사용하는 방법을 알아보겠습니다. google(구글)에 접속하여 검색창에서 '종이 재활용품'을 검색해 볼까요?

검색 결과가 나오면, 검색창 바로 아래의 메뉴에서 'images'를 클릭하여 이미지 검색 결과만 따로 볼 수 있습니다.

메뉴 가장 오른쪽의 'Tools'를 클릭하면 검색 조건을 조금 더 자세하게 지정할 수 있습니다. 각 메뉴에서 정할 수 있는 검색 조건은 다음과 같습니다.

Size	이미지 자료의 크기를 정하여 검색할 수 있습니다.
Color	이미지 자료의 색상을 정하여 검색할 수 있습니다.
Type	이미지 자료의 형식을 정하여 검색할 수 있습니다.
Time	자료가 만들어진 시간에 제한을 두고 검색할 수 있습니다.
Usage Rights	사용 권한. 창작용도와 상업적 용도를 지정할 수 있습니다.

자료를 다운로드 하고 싶을 때는 이미지를 클릭하여 자료가 있는 사이트에 접속할 수도 있지만, 바로 마우스 오른쪽 버튼을 클릭하여 '이미지를 다른 이름으로 저장'을 선택하면 다운로드 할 수 있습니다.

이미지를 다운로드 하면 내 컴퓨터의 어느 곳에 어떤 이름으로 저장할지를 지정할 수 있습니다. 자료는 되도록 폴더를 만들어 정리하도록 합니다.

모델 학습하기에서 다운로드한 파일을 업로드 할 때는 입력 방식이 '업로드'일 때 '파일 올리기'를 클릭하면 됩니다. 윈도우 파일 탐색기에서 파일을 선택할 때에는 Shift 키를 누르고 선택하면 동시에 여러 개의 파일을 선택할 수 있습니다.

01 데이터를 수집하다 보면 모르는 사람의 얼굴이나 개인정보 등의 의도하지 않은 정보가 입력될 수도 있습니다. 또, 수집된 데이터가 무분별하게 유출된다면 악용될 수도 있어요. 개인정보가 함부로 사용되면 어떤 부작용이 있을지 생각해 봅시다.

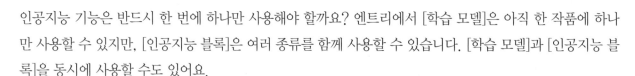

기분 대로 초상화

앞에서 학습한 '움직이는 초상화'에 '내 기분 알겠니?'를 합쳐 볼까요? 인공지능은 여러 기능이 함께 사용될수록 더 편리해집니다. 문자로 감정을 분석해서 표정으로 보여주는 초상화 프로그램을 만들어 보겠습니다.

★ 비디오 감지 활용하기
★ 텍스트 데이터 학습 모델 만들기

인공지능 기능은 반드시 한 번에 하나만 사용해야 할까요? 엔트리에서 [학습 모델]은 아직 한 작품에 하나만 사용할 수 있지만, [인공지능 블록]은 여러 종류를 함께 사용할 수 있습니다. [학습 모델]과 [인공지능 블록]을 동시에 사용할 수도 있어요.

지난번에 만들었던 '움직이는 초상화'와 '내 기분 알겠니?' 작품을 기억하나요? 두 작품에 사용된 기능을 함께 사용한다면 어떤 작품이 만들어질까요? 두 가지 기능을 함께 사용해서 좀 더 재미있는 작품을 만들어 보겠습니다.

작품 미리보기

기분에 따른 초상화 그림을 먼저 입력하고, 인공지능에게 말을 입력하면 자동으로 그에 맞는 표정 그림으로 바뀝니다.

[▶] 버튼을 눌러 코드가 실행되면 안내말이 나오고, 직접 그린 '눈, 코, 입' 오브젝트가 카메라에 촬영된 얼굴을 따라 움직입니다.

Spacebar 키를 누르면 말을 입력할 수 있고, 입력된 말을 인공지능이 분류하여 기분을 말해주고, '눈, 코, 입' 오브젝트의 모양이 바뀝니다.

◆ **사용할 인공지능**

◀ 비디오 감지

인공지능이 카메라로 촬영된 대상을 인식하는 기능입니다.

◀ 분류 : 텍스트

인공지능이 문자 데이터로 학습한 모델을 활용합니다.

명령 블록	설명
q ▼ 키를 눌렀을 때	지정한 키를 누르면, 이어서 조립한 블록들을 실행하도록 합니다.
대상 없음 ▼ 신호를 받았을 때	신호를 받으면 코드를 시작합니다.
대상 없음 ▼ 신호 보내기	다른 코드를 시작하도록 신호를 보냅니다.
x: 0 y: 0 위치로 이동하기	오브젝트의 X, Y 좌표를 지정해서 바로 이동하도록 합니다.
학습한 모델로 분류하기	입력 창이 나오며, 문자를 입력하면 학습한 인공지능 모델로 분류시킵니다.
분류 결과	데이터를 학습한 모델로 분류하여, 어느 클래스인지 이 블록에 저장합니다.
분류 결과가 웃음 ▼ 인가?	조건문과 결합하여, 학습한 모델로 분류한 데이터가 어느 클래스인지를 판단합니다.
사람 ▼ 인식 시작하기 ▼	인공지능이 카메라로 대상을 인식하도록 합니다. '사람', '얼굴', '사물' 중에서 선택할 수 있습니다.
1 ▼ 번째 얼굴의 왼쪽 눈 ▼ 의 x ▼ 좌표	인공지능이 인식한 얼굴 부위의 위치 좌표를 사용할 수 있습니다.

MAKE

◆ 새 작품 준비하기

01 엔트리 사이트에서 [만들기] – [작품 만들기]를 선택하거나, 엔트리 상단 메뉴에서 [새로 만들기]를 선택합니다.

02 기본 오브젝트인 '엔트리봇'을 삭제합니다.

◆ 오브젝트 준비하기

01 실행 화면 아래의 [+]를 클릭하여 오브젝트 추가하기 창을 엽니다. 아래의 오브젝트를 찾아 추가합니다.

종류	이름
배경	무대

02 다시 한번 오브젝트 추가하기 창을 열고, [새로 그리기]를 선택합니다. [이동]을 클릭하면 새 오브젝트가 추가됩니다.

03 새 오브젝트의 이름을 '왼쪽 눈'으로 변경합니다.

04 [모양] 탭에서 첫 번째 모양의 이름을 '웃는눈'으로 변경합니다.

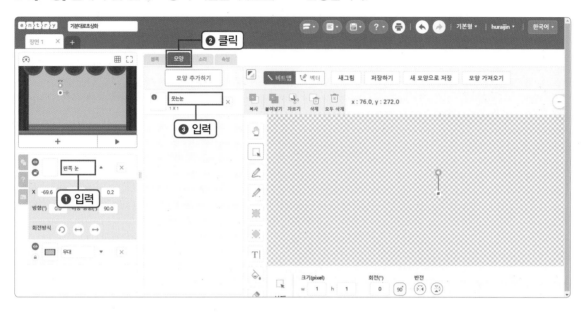

05 그림판에서 '펜'을 선택하여, 웃는 표정의 왼쪽 눈을 그려 줍니다. 그림과 같이 정면에서 보았을 때 왼쪽에 있는 눈을 그려 주세요. 하단에서 펜의 굵기와 색상을 변경할 수 있습니다. 페인트 통처럼 생긴 '채우기'를 선택하면 닫힌 선으로 이루어진 면에 색을 칠할 수도 있습니다.

06 그리기를 완료했다면 [저장하기]를 반드시 클릭해 주세요.

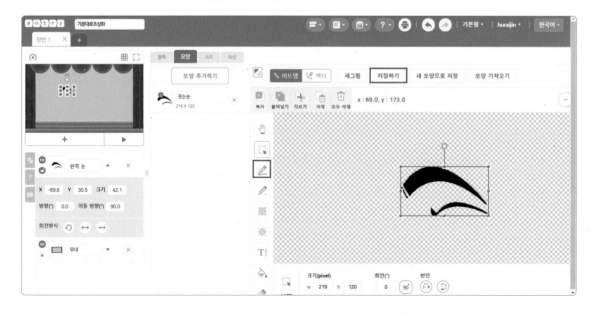

07 [새그림]을 클릭하여, '슬픈눈' 모양을 그려 추가하고 [저장하기]를 클릭해 주세요.

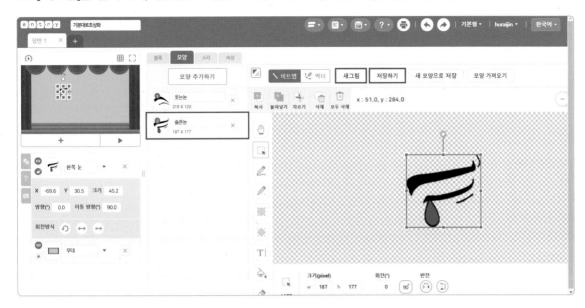

08 [새그림]을 클릭하여, '화난눈' 모양을 그려 추가하고 [저장하기]를 클릭해 주세요.

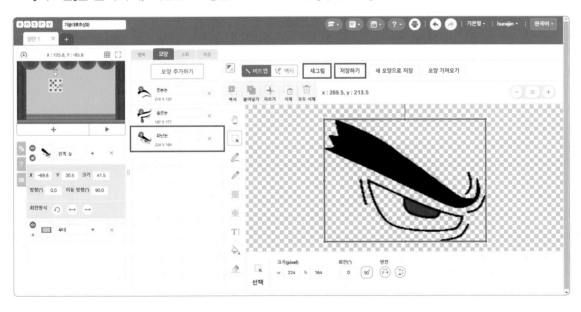

09 [오브젝트 추가하기]를 선택하여 [새로 그리기] – [이동하기]를 선택합니다.

10 추가된 오브젝트 이름을 '코'로 변경합니다. [모양] 탭에서 모양 이름을 '코'로 변경합니다. 코의 모양은 한 개만 그리겠습니다.

11 그림판에서 코를 그려줍니다. 완성하면 [저장하기]를 클릭합니다.

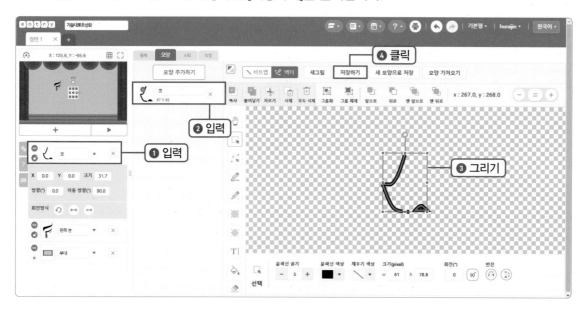

12 한 번 더 오브젝트 추가하기를 선택하여 [새로 그리기] – [이동하기]를 선택합니다.

13 추가된 오브젝트 이름을 '입'으로 변경합니다.

14 눈을 그릴 때와 마찬가지로 모양을 세 개 만듭니다. 세 가지 기분에 어울리는 입 모양을 그려서 추가합니다.

15 모양 이름은 '웃는입', '슬픈입', '화난입'으로 정합니다.

16 하나의 모양을 완성할 때마다 [저장하기]를 잊지 마세요.

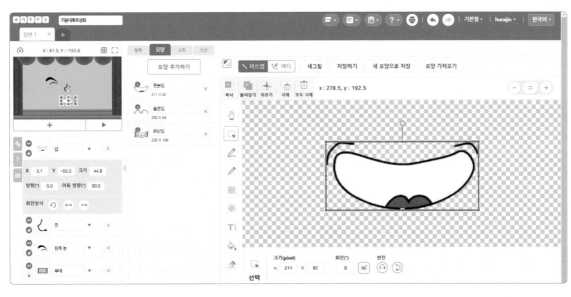

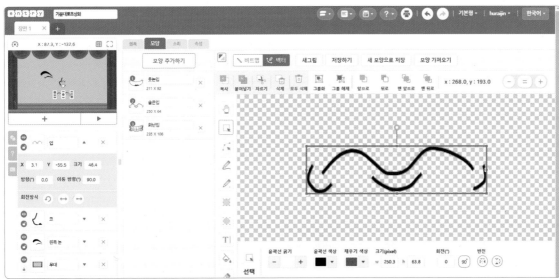

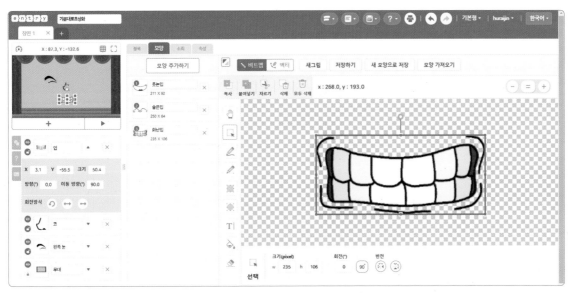

◆ 학습 모델 만들기

01 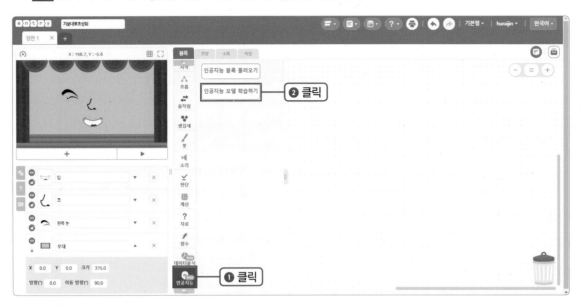 블록 꾸러미에서 [인공지능 모델 학습하기]를 클릭합니다.

02 [새로 만들기]에서 [분류: 텍스트]를 선택하고 [학습하기]를 클릭합니다.

03 텍스트 모델 학습하기 화면이 나오면, 학습 모델의 이름을 '기분대로 초상화'라고 지어줍니다.

04 [+ 클래스 추가하기]를 클릭하여 클래스를 하나 추가합니다. 세 개의 클래스에 각각 이름을 지어줍니다. [클래스1]의 이름을 '웃음'으로 [클래스2]의 이름을 '슬픔'으로, [클래스3]의 이름을 '화남'으로 지정합니다.

05 이제 데이터를 입력하겠습니다. 각 클래스의 이름에 어울리는 말을 입력합니다. 클래스마다 최소 5개 이상의 데이터가 필요하지만, 데이터를 많이 넣을수록 인공지능 모델이 더 똑똑해 집니다.

06 데이터를 모두 추가했다면, [모델 학습하기]를 클릭하여 학습을 시작합니다.

07 '학습을 완료했습니다' 메시지가 나오면, 오른쪽의 '결과'에 내용을 입력하여 완성된 학습 모델을 테스트합니다. 테스트 결과가 부정확하면, 데이터 입력으로 돌아가 더 많은 데이터를 추가합니다. 데이터를 추가하면, '모델 학습하기'를 다시 한번 클릭해 주어야 합니다.

08 [적용하기]를 클릭하여 학습 모델 만들기를 완료합니다.

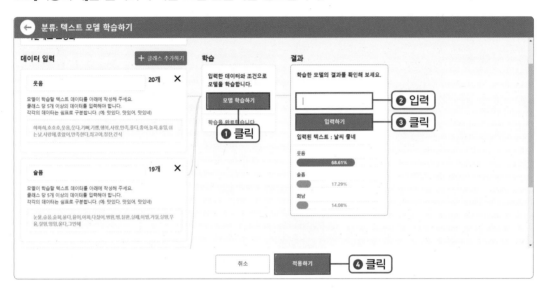

◆ 인공지능 기능 블록 불러오기

01 블록 꾸러미에서 [인공지능 모델 학습하기]를 클릭합니다.

02 [비디오 감지]를 선택하고 [추가]를 클릭합니다.

◆ 블록 코딩하기

◀ 오브젝트 : 무대

01 [시작] 의 시작하기 버튼을 클릭했을 때 를 추가합니다.

02 [흐름] 의 참 이(가) 될 때까지 기다리기 를 조립합니다. 판단 조건에 [인공지능] 의 비디오가 연결되었는가? 를 끼워 넣습니다.

03 [인공지능] 의 사람▼ 인식 시작하기 를 조립합니다. 인식 대상을 '얼굴'로 변경합니다.

04 [생김새] 의 안녕! 을(를) 4 초 동안 말하기▼ 를 조립합니다. 말할 내용에 'Spacebar 키를 누르면 기분을 입력합니다.'
를 입력하고, 말하는 시간은 '2초'로 정합니다.

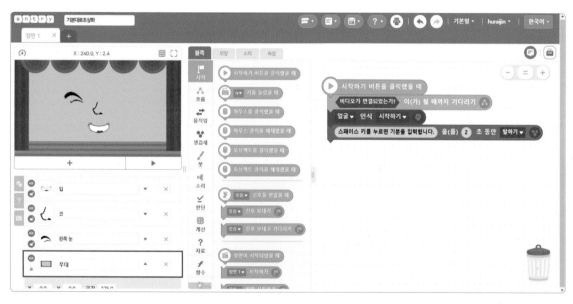

TIP [▶]을 클릭하여 작품을 시작하면 비디오 연결을 확인한 후 얼굴 인식을 시작합니다. 안내말을 표시합니다.

05 신호를 추가하기 위해 [속성] 탭에서 [신호]를 선택하고, [신호 추가하기]로 세 개의 신호를 추가합니다. 이름은 '웃음', '슬픔', '화남'으로 지정합니다.

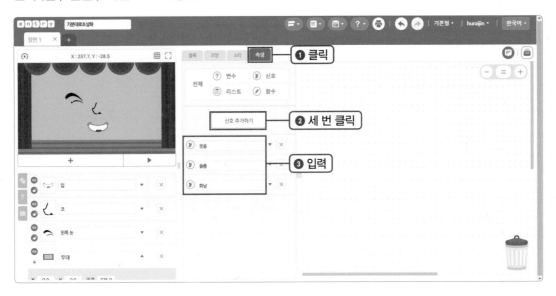

06 시작의 q▼ 키를 눌렀을 때를 추가하고, '스페이스'로 변경합니다.

07 인공지능의 학습한 모델로 분류하기를 조립합니다.

08 흐름의 만일 참 (이)라면을 조립하고, 판단 조건에 인공지능의 분류 결과가 웃음▼ 인가?를 끼워 넣습니다.

09 조건 블록 안으로 시작의 웃음▼ 신호 보내기를 조립합니다.

TIP Spacebar 키를 누르면 데이터 입력 화면이 나오고, 입력한 내용이 학습 모델의 '웃음'에 해당한다면 '웃음' 신호를 보냅니다.

10 조건 블록을 마우스 오른쪽 버튼으로 클릭하여 [코드 복사 & 붙여넣기]를 선택합니다. 두 번 복사하고 이어서 조립합니다.

11 분류 결과와 신호 이름이 같도록 아래와 같이 변경합니다.

TIP 입력 결과를 학습 모델이 세 가지 클래스 중 하나로 판단하여 그에 맞는 신호를 보냅니다.

12 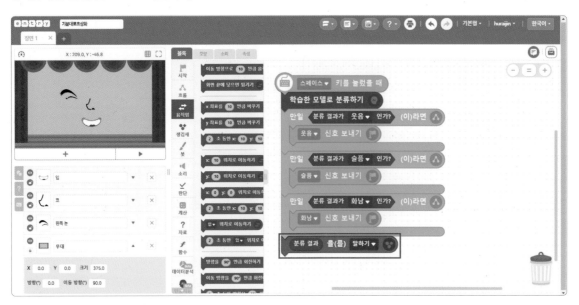 의 `안녕! 을(를) 말하기 ▼` 를 조립합니다. 말하기 내용에 의 `분류 결과` 를 끼워 넣습니다. 학습 모델의 분류 결과를 말풍선으로 표시합니다.

13 '왼쪽눈' 오브젝트를 선택하고 의 `시작하기 버튼을 클릭했을 때` 를 추가합니다.

14 의 `계속 반복하기` 를 조립하고, 블록 안으로 의 `x: 0 y: 0 위치로 이동하기` 를 조립합니다.

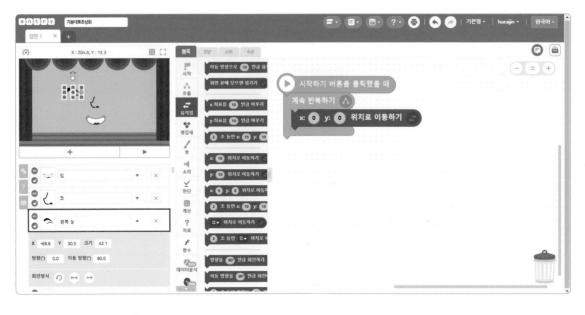

15 양쪽 x, y 좌표 칸에  의 1▼ 번째 얼굴의 왼쪽 눈▼ 의 x▼ 좌표 를 끼워 넣습니다. 오른쪽 y좌표 칸에 끼워 넣은 블록을 다음과 같이 변경합니다.

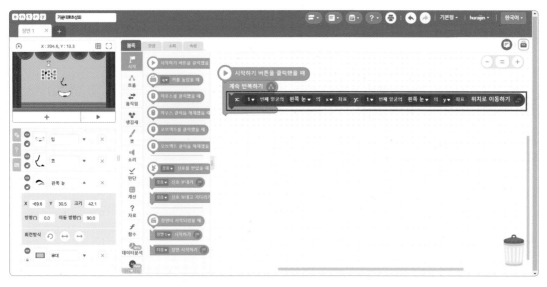

TIP 오브젝트가 카메라에 촬영된 얼굴의 왼쪽 눈을 따라서 계속 이동합니다.

16 의 웃음▼ 신호를 받았을 때 를 새로 추가합니다.

17 의 웃는눈▼ 모양으로 바꾸기 를 조립합니다.

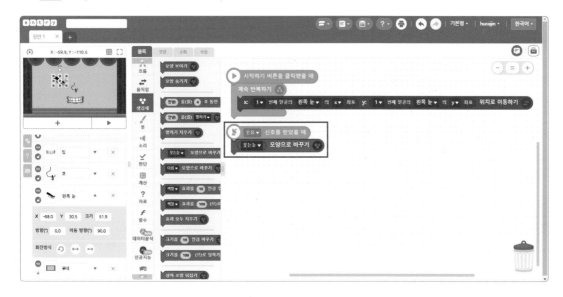

18 방금 만든 블록을 마우스 오른쪽 버튼으로 클릭하고 [코드 복사 & 붙여넣기]를 두 번 실행합니다. 신호와 모양 이름이 맞도록 다음과 같이 변경합니다.

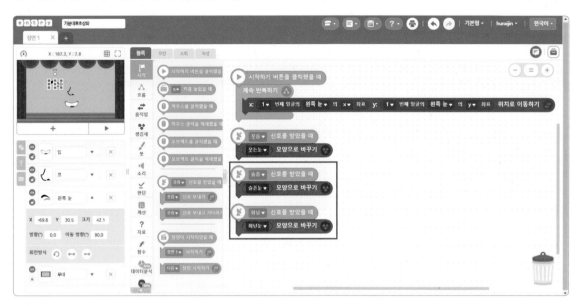

TIP '무대' 오브젝트로부터 받은 신호에 따라 '왼쪽 눈' 오브젝트가 모양을 바꿉니다.

19 '왼쪽 눈' 오브젝트를 마우스 오른쪽 버튼으로 클릭하고 [복제]를 선택합니다.

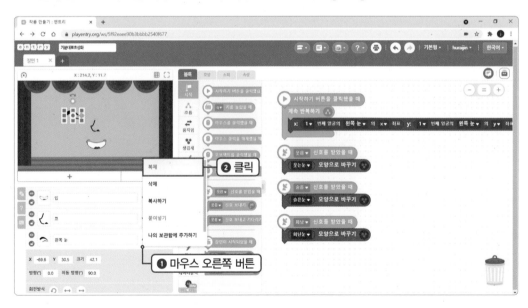

20 복제된 오브젝트의 이름을 '오른쪽눈'으로 변경합니다.

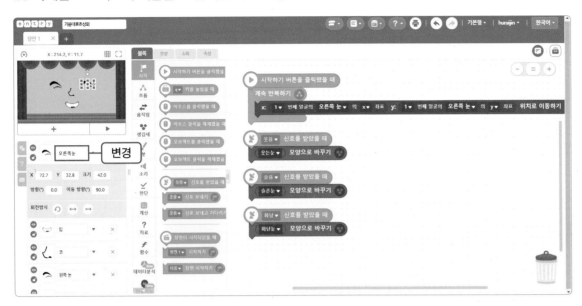

21 오른쪽 눈은 왼쪽 눈과는 방향이 반대겠지요? 계속 반복하기 블록 위에 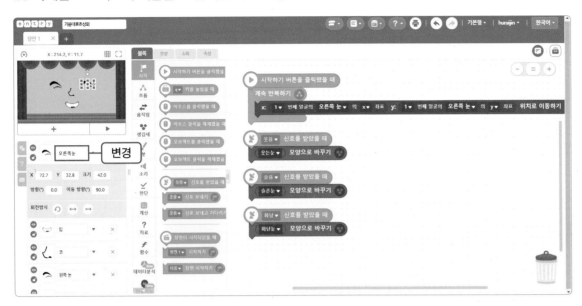 의 ▶좌우 모양 뒤집기◀ 를 끼워 넣습니다. 이제 작품을 시작하면 오른쪽 눈은 왼쪽 눈과는 좌우가 반대로 보입니다.

22 이동하기 블록에 끼워진 두 개의 좌표 블록에서 '왼쪽 눈'을 '오른쪽 눈'으로 변경합니다.

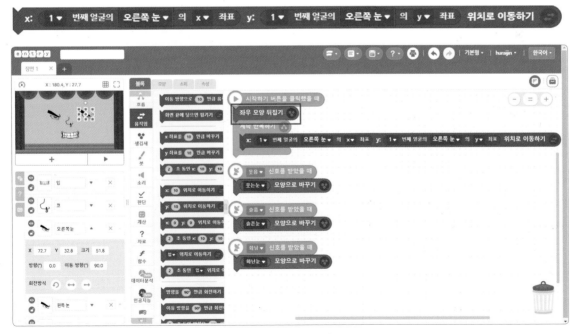

TIP '오른쪽눈' 오브젝트도 촬영된 화면의 오른쪽 눈 위치를 따라 이동하고, 신호에 따라 모양을 바꿉니다.

23 '왼쪽 눈' 오브젝트에서 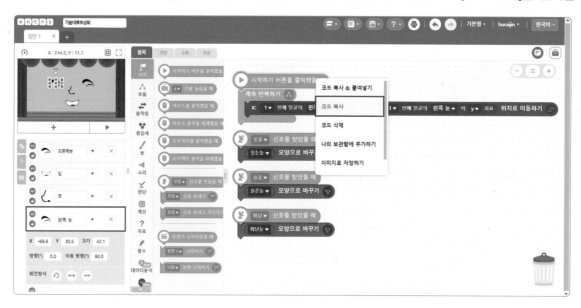 를 마우스 오른쪽 버튼으로 클릭하고 [코드 복사]를 선택합니다.

24 '코' 오브젝트를 선택하고 마우스 오른쪽 버튼을 클릭한 후 [붙여넣기]를 선택합니다.

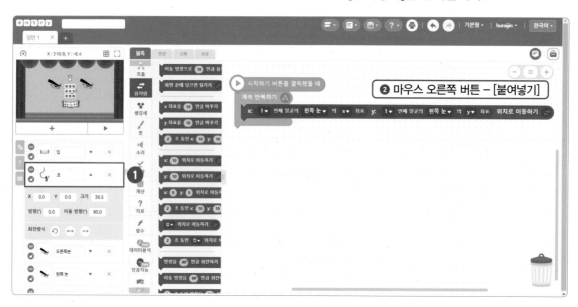

25 이동하기 블록에 끼워진 두 개의 좌표 블록에서 '왼쪽 눈'을 '코'로 변경합니다.

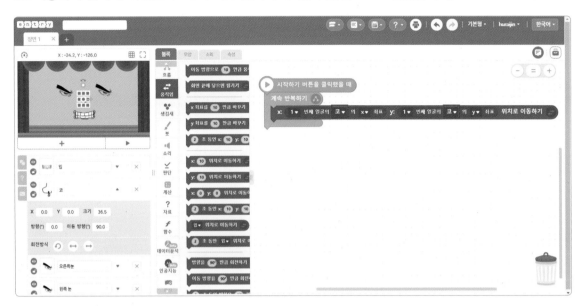

TIP '코' 오브젝트가 카메라에 촬영된 화면의 코를 따라 계속해서 이동합니다.

26 '왼쪽 눈' 오브젝트의 모든 블록을 '복사'하여 '입' 오브젝트에 붙여 넣습니다.

27 이동하기 블록에 끼워진 두 개의 좌표 블록에서 '왼쪽 눈'을 '아랫 입술'로 변경합니다.

x: 1▼ 번째 얼굴의 아랫 입술▼ 의 x▼ 좌표 y: 1▼ 번째 얼굴의 아랫 입술▼ 의 y▼ 좌표 위치로 이동하기

TIP '입' 오브젝트가 따라 이동할 대상을 '아랫 입술'로 정하는 이유는 윗입술로 하면 코와 거의 같이 움직이기 때문에 위치의 이동을 확인하기 어렵기 때문이에요.

28 세 개의 모양 바꾸기 블록에서 받은 신호에 맞게 모양 이름을 변경합니다.

TIP '입' 오브젝트가 카메라에 촬영된 화면의 아랫입술 위치를 따라 계속해서 이동하면서 받은 신호에 따라 모양을 바꿉니다.

29 작품 이름을 '기분 대로 초상화'로 변경하고 저장합니다.

한 걸음 더

01 이번 작품에서는 코는 기분에 따라 변하지 않고 계속 그대로였는데요. 코도 기분에 따라 모양이 바뀌도록 해 보세요. '코' 오브젝트에 '슬픔', '화남' 클래스에 어울리는 모양을 추가하세요.

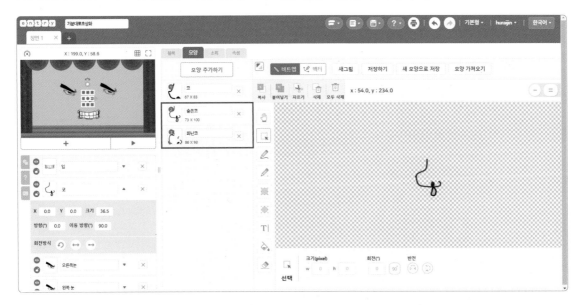

02 인공지능 학습 모델의 판단으로 신호를 받아 모양이 변하도록 코드를 추가합니다.

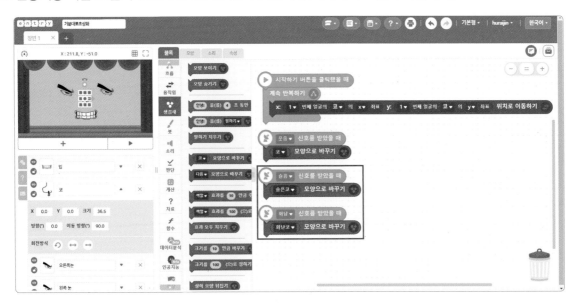

01 기계가 아무리 일을 잘해도 인간보다 못했던 점은 '감정'이 없다는 점이었습니다. 인간의 섬세하고 다양한 감정을 기계나 컴퓨터는 따라할 수 없었지요. 하지만 인공지능이 발전하면서, 이제 인간의 감정까지 읽을 수 있게 되었습니다. 인공지능이 우리의 '감정'을 읽을 수 있게 되면 어떤 일이 가능해질까요?

02 다른 사람의 기분에 맞춰주면서 일하는 것을 '감정노동'이라 부르기도 합니다. 사람만이 가능했던 이 '감정노동'을 기계가 대신해 준다면 어떤 직업을 인공지능이 대신해 줄 수 있을까요?

10 LESSON

내 방의 사물인터넷

사물인터넷은 인공지능이 사용되는 대표적인 분야입니다. 가전제품 안의 인공
지능이 말을 알아듣고 스스로 동작하는 프로그램을 만들어 볼까요?

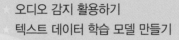

◆ 오디오 감지 활용하기
◆ 텍스트 데이터 학습 모델 만들기

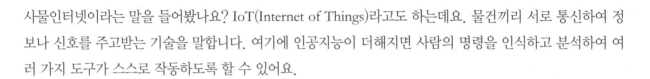

사물인터넷이라는 말을 들어봤나요? IoT(Internet of Things)라고도 하는데요. 물건끼리 서로 통신하여 정
보나 신호를 주고받는 기술을 말합니다. 여기에 인공지능이 더해지면 사람의 명령을 인식하고 분석하여 여
러 가지 도구가 스스로 작동하도록 할 수 있어요.

'이제 잘 거야'라는 명령 한 마디로 인공지능이 판단할 수 있는 동작은 몇 개나 될까요?
① 방의 불을 끄고 ② 창문의 커튼을 내리고 ③ TV나 음악을 끄고 ④ 잠자리의 온도를 조절하고 ⑤ 휴대전
화를 무음으로 해놓고...

이것들을 하나하나 동작시키려면 여러 번의 입력이 필요합니다. 하지만 인공지능이 사람의 말을 분석하여
그 안에 담긴 의미를 찾아낼 수 있다면 한 번의 명령으로도 가능하겠지요.

작품 미리보기 인공지능에게 말로 명령하면 명령을 분석하여 전등과 TV를 켜거나 끕니다.

TV와 전등이 있는 방에서 음성으로 사물을 제어합니다.
Spacebar 키를 누르고 명령을 입력할 수 있습니다.

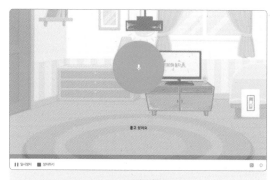

녹음이 시작되고, 명령을 말합니다.

말한 내용과 어떤 명령으로 인식했는지가 표시됩니다.

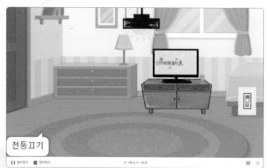

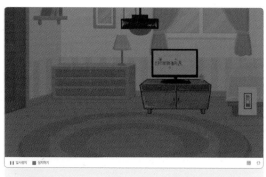

인공지능이 입력된 말을 분석하여 전등이나 TV를 켜고 끕니다.

◆**사용할 인공지능**

◀ 오디오 감지

인공지능이 마이크로 녹음한 내용을 문자로 바꾸고, 소리 크기도 분석할 수 있는 기능입니다.

◀ 분류 : 텍스트

인공지능이 문자 데이터로 학습한 모델을 활용합니다.

블록 알아보기

명령 블록	설명
대상 없음 ▼ 신호를 받았을 때	신호를 받으면 코드를 시작합니다.
대상 없음 ▼ 신호 보내기	다른 코드를 시작하도록 신호를 보냅니다.
음성 인식하기	소리를 녹음하고, 음성을 인식하여 문자 값으로 변환하거나 소리의 크기를 감지합니다.
음성을 문자로 바꾼 값	음성 인식하기로 감지한 말을 문자 값으로 사용할 수 있습니다.
엔트리 을(를) 학습한 모델로 분류하기	빈 칸에 입력하거나 끼운 블록의 내용을 학습 모델로 분류합니다.
분류 결과	입력된 데이터를 학습 모델로 분석하여, 어느 클래스에 해당되는지 알려줍니다.
분류 결과가 전등켜기 ▼ 인가?	조건문과 결합하여, 학습한 모델로 분류한 데이터가 어느 클래스인가 판단합니다.

MAKE

◆ 새 작품 준비하기

01 엔트리 사이트에서 [만들기] – [작품 만들기]를 선택하거나, 엔트리 상단 메뉴에서 [새로 만들기]를 선택합니다.

02 기본 오브젝트인 '엔트리봇'을 삭제합니다.

◆ 오브젝트 준비하기

01 실행 화면 아래의 [+]를 클릭하여 오브젝트 불러오기 창을 엽니다. 다음 오브젝트를 찾아 추가합니다.

종류	이름
물건	TV
배경	전등
배경	방(2)

02 오브젝트 목록에서 오브젝트 이름 옆의 빈 공간을 마우스로 드래그하여 오브젝트의 순서를 변경할 수 있습니다. 다음 그림처럼 '방(2)'가 가장 아래로, '전등'이 가장 위로 올라오게 합니다.

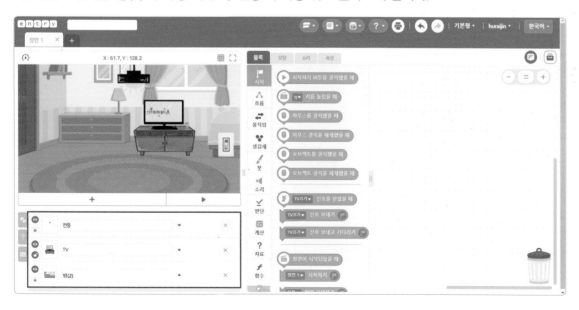

◆ 학습 모델 만들기

01  블록 꾸러미에서에서 [인공지능 모델 학습하기]를 클릭합니다.

02 학습할 모델 선택하기 창이 나오면 [새로 만들기]에서 [분류 : 텍스트]를 선택하고, [학습하기]를 클릭합니다.

03 텍스트 모델 학습하기 화면이 나오면, 학습 모델의 이름을 정해줍니다. '사물인터넷'이라고 이름을 입력합니다.

04 [+ 클래스 추가하기]를 클릭하여 클래스를 두 개 추가합니다. 모두 네 개의 클래스가 필요합니다. 클래스 이름은 '전등켜기', '전등끄기', 'TV켜기', 'TV끄기'로 지어줍니다.

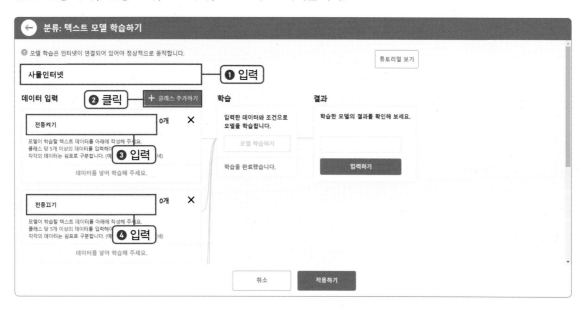

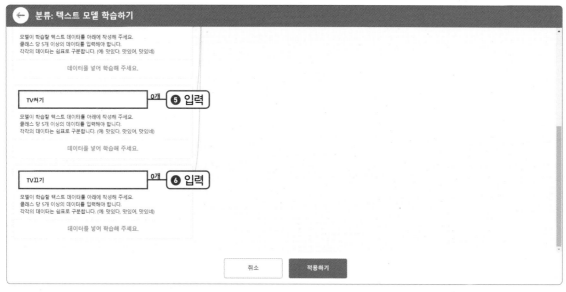

05 데이터를 입력하겠습니다. 각 클래스의 이름에 어울리는 말을 입력합니다. 클래스마다 최소 5개 이상의 데이터가 필요하지만, 데이터를 많이 넣을수록 인공지능 모델이 더 똑똑해 집니다.

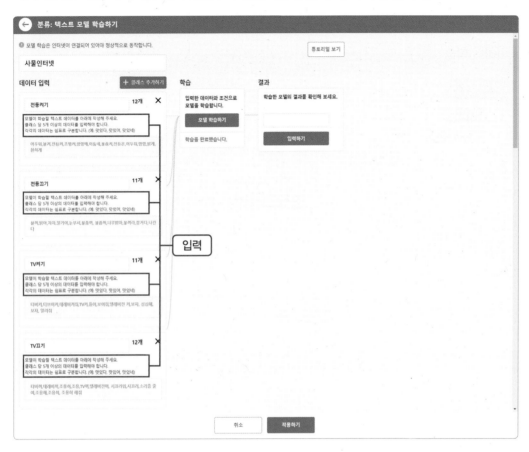

06 데이터를 충분히 추가했다면, [모델 학습하기]를 클릭하여 학습을 시작합니다.

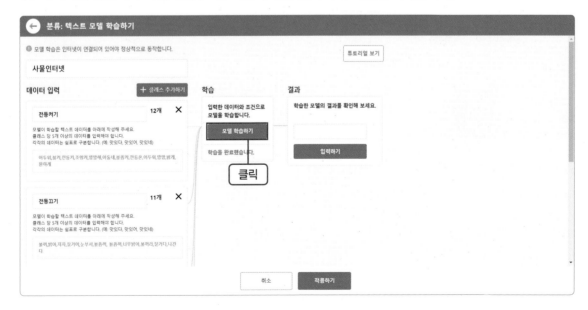

07 '학습을 완료했습니다.' 메시지가 나오면, 오른쪽의 '결과'에 명령을 입력하여 테스트합니다. 테스트 결과가 부정확하면, 데이터 입력으로 돌아가 더 많은 데이터를 추가합니다. 데이터를 추가하면, '모델 학습하기'를 다시 한번 클릭해 주어야 합니다.

08 [적용하기]를 클릭하여 학습 모델 만들기를 완료합니다. 이제 작품에서 이 학습 모델을 사용할 수 있게 됩니다.

◆ 인공지능 블록 불러오기

01 블록 꾸러미에서 [인공지능 블록 불러오기]를 클릭합니다.

02 [오디오 감지]를 선택하고 [추가하기]를 클릭합니다.

◆ 블록 코딩하기

◀ 오브젝트 : 방(2)

01 의 시작하기 버튼을 클릭했을 때 를 추가한 후 의 안녕! 을(를) 4 초 동안 말하기▼ 를 조립합니다. 말하기 내용에 '[Spacebar] 키를 누르고 명령을 입력하세요.'를 입력하고, 말하기 시간은 '2초'를 입력합니다.

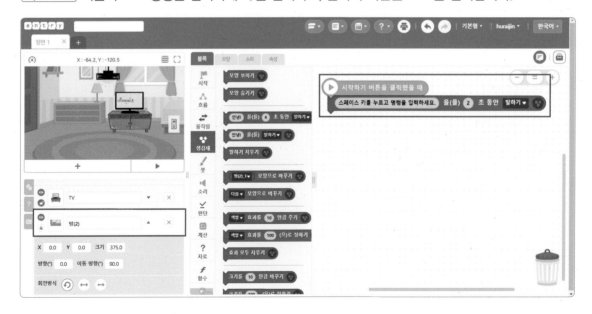

02  의 `q ▼ 키를 눌렀을 때` 를 추가하고, 키를 '스페이스'로 변경합니다.

03 의 `음성 인식하기` 를 조립합니다.

04 의 `엔트리 을(를) 학습한 모델로 분류하기` 를 조립하고, 입력 칸에 `음성을 문자로 바꾼 값` 을 끼워 넣습니다.

05 의 `안녕! 을(를) 4 초 동안 말하기` 를 조립합니다. 말하기 내용에 `음성을 문자로 바꾼 값` 을 끼워 넣고, 말하기 시간은 '2초'로 입력합니다.

TIP [▶] 버튼을 누르면 안내말이 표시됩니다. `Spacebar` 키를 누르면 오디오 감지 기능으로 소리를 녹음합니다. 녹음된 소리에서 사람의 음성을 인식하여 문자로 바꾸고, 이것을 학습 모델이 분석합니다. 문자로 바꾼 결과를 말하기로 표시합니다.

06 의 `2 초 기다리기` 를 조립합니다.

07 의 `안녕! 을(를) 4 초 동안 말하기` 를 조립합니다. 말하기 내용에 의 `분류 결과` 을 끼워 넣고, 말하기 시간은 '2초'로 입력합니다.

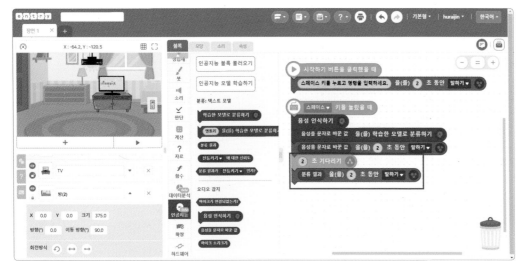

TIP 2초를 기다린 후, 입력한 데이터를 학습 모델이 분석한 결과가 어느 클래스인지 말하기로 표시합니다.

08  의 ![만일 참 (이)라면] 를 조립하고, 판단 조건에 ![인공지능] 의 ![분류 결과가 전등켜기 ▼ 인가?] 를 끼워 넣습니다.

09 각 오브젝트에게 신호를 보내기 위해 신호를 추가합니다. [속성] 탭에서 [신호]를 선택하고, [신호 추가하기]로 네 개의 신호를 추가합니다. 신호 이름은 학습 모델에서 만든 4개의 클래스의 이름과 같도록 만들어 줍니다.

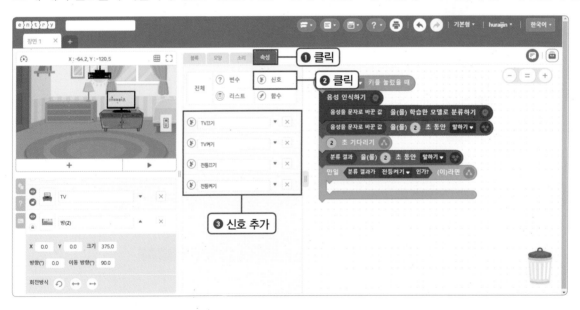

10 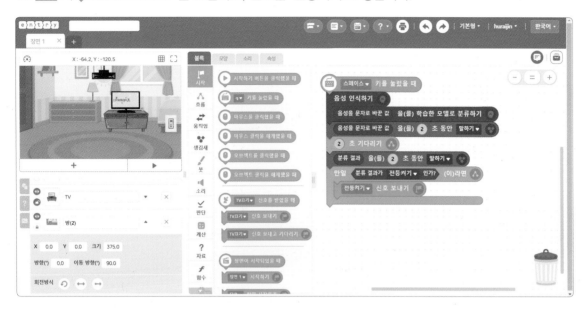 의 전등켜기▼ 신호 보내기 를 조립하고, 신호를 '전등켜기'로 정합니다.

11 조건문을 세 번 복제하여 모두 네 개의 조건문을 이어서 조립합니다. 각 조건문의 판단 조건과 신호를 다음과 같이 변경합니다.

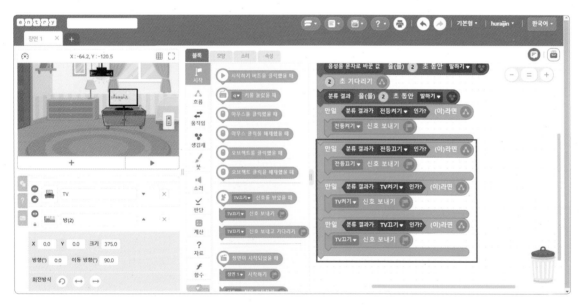

TIP 인공지능의 판단 결과에 따라 다른 오브젝트에 신호를 보냅니다.

◀ 오브젝트 : 전등

01 [시작] 의 [전등켜기▼ 신호를 받았을 때] 를 추가합니다.

02 [생김새] 의 [전등_켜짐▼ 모양으로 바꾸기] 를 조립합니다.

03 블록을 [코드 복사 & 붙여넣기]로 복제합니다. 다음과 같이 복제된 블록의 신호를 '전등끄기'로, 바꿀 모양의 이름을 '전등_꺼짐'으로 변경합니다.

TIP 두 가지 신호에 따라 전등 오브젝트의 모양이 바뀝니다.

◀ 오브젝트 : TV

01 [시작] 의 [TV켜기▼ 신호를 받았을 때] 를 추가합니다.

02 [생김새] 의 [TV_밝음▼ 모양으로 바꾸기] 를 조립합니다.

03 블록을 [코드 복사 & 붙여넣기]하고, 다음과 같이 복제된 블록의 신호를 'TV 끄기'로, 바꿀 모양의 이름을 'TV_꺼짐'으로 변경합니다.

TIP 두 가지 신호에 따라 TV 오브젝트의 모양이 바뀝니다.

04 작품 이름을 '내 방의 사물인터넷'으로 변경하고 저장합니다.

01 가전제품을 추가해 볼까요?

❶ 오브젝트 추가하기에서 '물건' 항목의 '로봇청소기(3)'을 추가합니다.

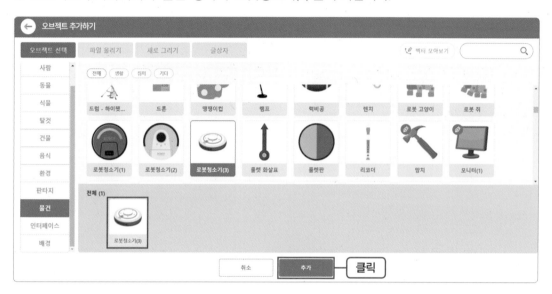

❷ 추가한 '로봇청소기' 오브젝트를 적당한 위치로 이동시키고, 회전방식을 ↔(좌우)로 변경합니다.

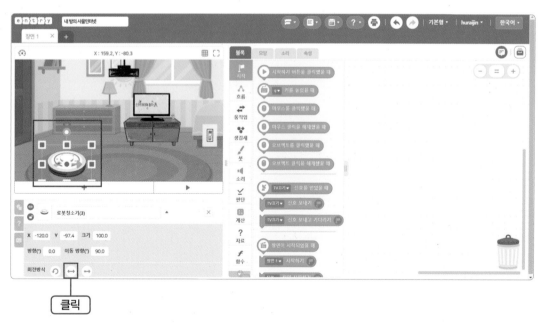

❸ 로봇청소기에게 명령을 하기 위한 학습 모델 클래스를 추가해 봅시다.  블록 꾸러미에서 [인공지능 모델 학습하기]를 클릭하고, '나의 모델'에서 '사물인터넷' 학습 모델을 선택한 후 [학습하기]를 클릭합니다.

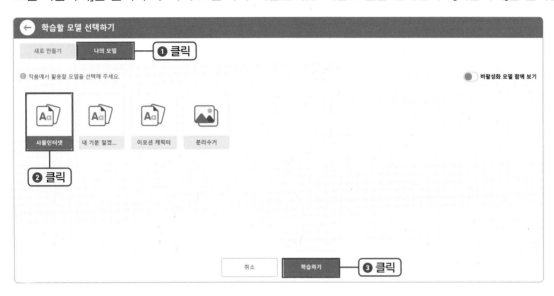

❹ [+ 클래스 추가하기] 로 클래스를 두 개 더 추가합니다. 클래스 이름은 '청소기켜기' 와 '청소기끄기'로 지정합니다. 클래스에 맞는 데이터를 추가합니다.

❺ 클래스와 데이터를 추가하거나 변경했을 때는 [모델 학습하기]를 잊지 마세요. 학습을 완료했으면 테스트를 해보고, [적용하기]를 클릭합니다.

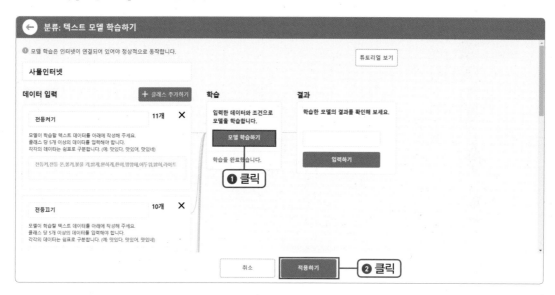

❻ '로봇청소기(3)' 오브젝트에 사용할 신호를 추가합니다. [속성] 탭에서 신호 두 개를 추가합니다. 추가한 클래스 이름과 같이 '청소기켜기'와 '청소기끄기'로 이름을 지정합니다.

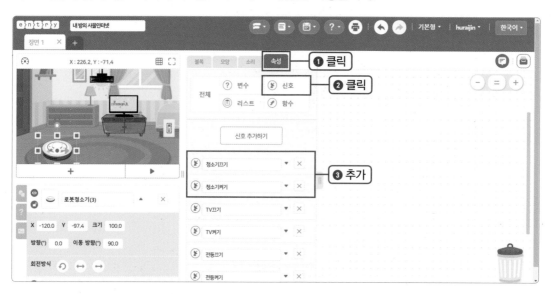

❼ '방(2)' 오브젝트에서 다른 오브젝트로 신호를 보내는 블록의 가장 아래에 그림과 같이 '로봇청소기(3)' 오브젝트에 보낼 두 개의 조건문을 추가합니다.

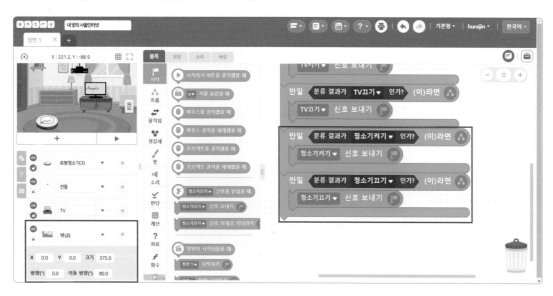

❽ '로봇청소기(3)' 오브젝트에 신호를 받아 실행될 명령을 만들겠습니다. 로봇청소기는 '청소기켜기' 명령을 받으면 한 방향으로 조금씩 움직이기를 계속 반복하고, 벽에 닿으면 튕겨 반대 방향으로 움직이도록 하겠습니다. '0.1초' 기다리기를 통해 속도를 조절합니다.

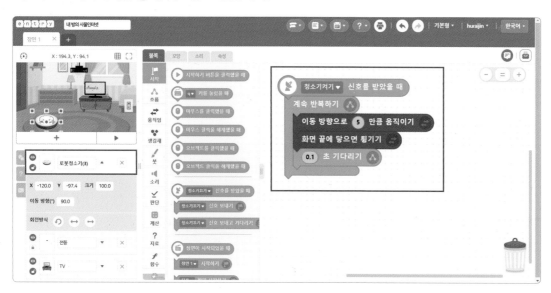

❾ '청소기끄기' 명령을 받으면, '청소기켜기' 신호를 받아 실행되었던 반복 명령을 중단하도록 아래와 같이 블록을 추가합니다.

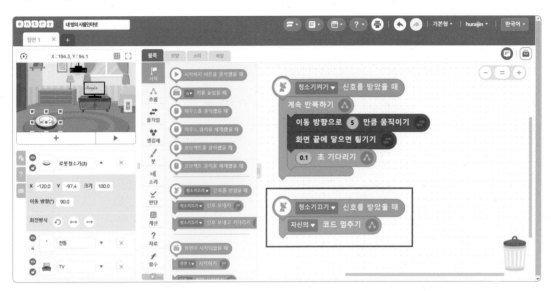

❿ 이제 내 방의 사물인터넷에 로봇청소기가 추가되었습니다.

01 인공지능이 우리의 명령이나 표현을 스스로 판단해 주는 것은 편하기도 하지만, 잘못 판단할 가능성도 있습니다. 만약 인공지능이 사람의 명령을 정도가 지나치게 해석한다면 어떤 일이 벌어질까요?

아, 배고파!

분석 결과 배고픔 정도를 80으로 판단해서 치킨 네 마리 주문했습니다.

02 만약 인공지능의 잘못된 판단으로 사고가 나거나 문제가 발생했다면, 그 책임은 누가 져야 할까요?

02

이미지
부록

Lesson 08의 이미지 인식 분리수거에서 부록에 수록된 재활용품 그림을 사용하세요. 다양한 모양과 색깔로 그려진 그림들을 분리수거 항목에 맞게 인공지능에게 학습시켜 보세요. 그림은 분리수거 항목별로 열두 개씩 있으며, 그중 아홉 개는 학습시키고, 나머지 세 개 정도는 검증용 데이터로 사용하세요. 또 다른 부록으로 준비된 여러 가지 해양생물의 그림들을 데이터로 활용하세요. 모양, 색상 등으로 나만의 기준을 정하여 클래스를 나누고, 그림들을 학습시켜 기준에 맞게 분류하는 인공지능을 모델을 만들어 보세요.

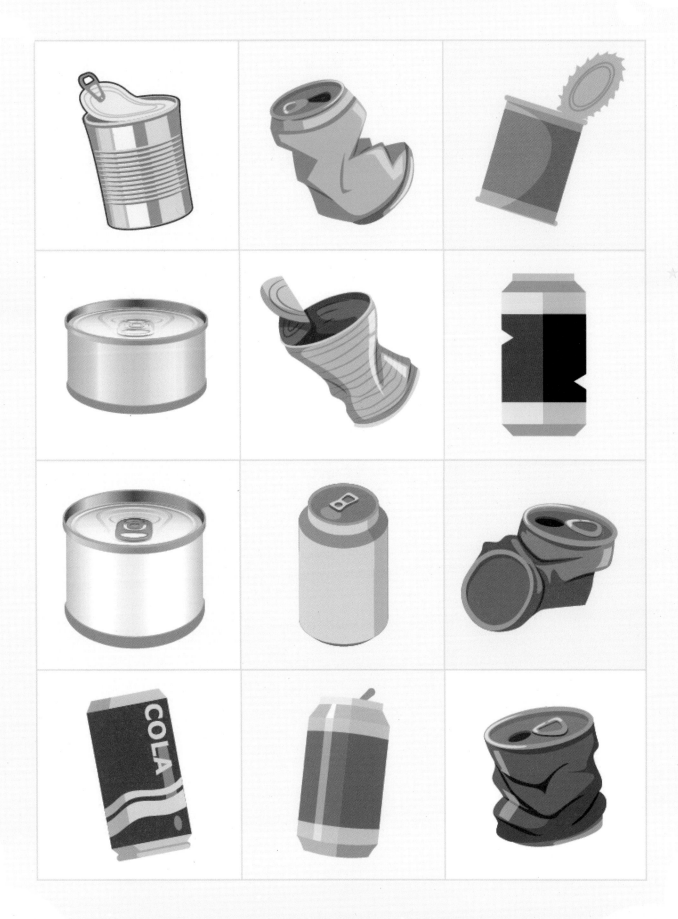

내 맘대로 만드는
인공지능 with 엔트리

발행일 | 2022년 2월 15일 **초판 인쇄**
　　　　　 2022년 2월 25일 **초판 발행**

저자 | 강우주 · 박은실 · 이진호
발행인 | 정용수
발행처 | 🔹 예문사

주소 | 경기도 파주시 직지길 460(출판도시) 도서출판 예문사
TEL | 031-955-0550
FAX | 031-955-0660
등록번호 | 11-76호

정가 : 16,000원
ISBN 978-89-274-4430-5 93000